Francisco das Chagas Batista

Biblioteca de cordel

Francisco das Chagas Batista

Introdução e seleção
Altimar de Alencar Pimentel

São Paulo 2007

Direitos desta edição Hedra, 2007

Capa
Júlio Dui
sobre xilogravuras de Marcos Freitas (capa e lombada)
e José Lourenço (orelhas e quarta-capa).

Projeto gráfico e editoração
Hedra

Revisão
Hebe Ester Lucas

Direção da coleção
Joseph Maria Luyten

Dados Internacionais de Catalogação na Publicação (CIP)
(Câmara Brasileira do Livro, SP, Brasil)

Batista, Francisco das Chagas, 1882-1930.
Francisco das Chagas Batista / introdução e seleção Altimar de Alencar Pimentel
— São Paulo: Hedra, 2007. — (Biblioteca de cordel)

Bibliografia.
ISBN 978-85-7715-058-8

1. Batista, Francisco das Chagas, 1882-1930 2. Literatura de cordel — Brasil 3. Literatura de cordel — Brasil — História e crítica I. Pimentel, Altimar de Alencar. II. Titulo. III. Série.

01-2610   CDD-398.20981

Índices para catálogo sistemático:
1. Brasil: Cordelistas: Biografia e obra: Literatura folclórica 398.20981
2. Brasil: Literatura de cordel: História e crítica: Folclore 398.20981

[2007]
Direitos reservados em língua portuguesa
EDITORA HEDRA
rua fradique coutinho, 1139 – subsolo
05416-011 São Paulo – SP – Brasil
telefone/fax: (011) 3097 8304
editora@hedra.com.br
www.hedra.com.br

Foi feito o depósito legal.

Biblioteca de cordel

A literatura popular em verso passou por diversas fases de incompreensão e vicissitudes no passado. Ao contrário de outros países, como o México e a Argentina, onde esse tipo de produção literária é normalmente aceito e incluído nos estudos oficiais de literatura — por isso poemas como "La cucaracha" são cantados no mundo inteiro e o herói do cordel argentino, Martín Fierro, se tornou símbolo da nacionalidade platina —, as vertentes brasileiras passaram por um longo período de desconhecimento e desprezo, devido a problemas históricos locais, como a introdução tardia da imprensa no Brasil (o último país das Américas a dispor de uma imprensa), e a excessiva imitação de modelos estrangeiros pela intelectualidade.

Apesar da maciça bibliografia crítica e da vasta produção de folhetos (mais de trinta mil folhetos de dois mil autores classificados), a literatura de cordel — cujo início remonta ao fim do século XIX — continua ainda em boa parte desconhecida do grande público, principalmente por causa da distribuição efêmera dos folhetos. E é por isso que a Editora Hedra se propôs a selecionar cinqüenta estudiosos do Brasil e do exterior que, por sua vez, escolheram cinqüenta poetas populares de destaque e prepararam um estudo introdutório para cada um, seguido por uma antologia dos poemas mais representativos.

Embora a imensa maioria dos autores seja de origem nordestina, não serão esquecidos outros pólos produtores de poesia popular, como a região sul-riograndense e a antiga capitania de São Vicente, que hoje abrange o interior de São Paulo, Norte do Paraná, Mato Grosso, Mato Grosso do Sul, parte de Minas Gerais e Goiás. Em todos esses lugares há poetas populares que continuam a divulgar os valores de seu povo. E isso sem nos esquecermos do Novo Cordel, aquele feito pelos migrantes nordestinos que se radicaram nas grandes cidades como Rio de Janeiro e São Paulo. Tudo isso resultará em um vasto panorama que nos permitirá avaliar a grandeza da contribuição poética popular.

Acreditamos, assim, colaborar para tornar mais bem conhecidos, no Brasil e afora, alguns dos mais relevantes e autênticos representantes da cultura brasileira.

Dr. Joseph M. Luyten (1941-2006)

Doutor pela USP em Ciências da Comunicação, Joseph Luyten foi um dos principais pesquisadores e estudiosos da literatura de cordel na segunda metade do século XX. Lecionou em diversas universidades, dentre as quais a Universidade de São Paulo, a Universidade de Tsukuba (Japão) e a Universidade de Poitiers (França), onde participou da idealização do Centro Raymond Cantel de Literatura Popular Brasileira. Autor de diversos livros e dezenas de artigos sobre literatura de cordel, reuniu uma coleção de mais de 15 mil folhetos e catalogou cerca de 5 mil itens bibliográficos sobre literatura de cordel em âmbito mundial.

Joseph Luyten organizou a Coleção Biblioteca de cordel e coordenou-a entre os anos de 2000 e 2006, período em que publicamos nela 22 volumes. Os editores consignam aqui publicamente sua gratidão.

Sumário

Francisco das Chagas Batista e a tradição poética do Teixeira 9

Antônio Silvino – Vida, crimes e julgamento 51

Francisco das Chagas Batista
e a tradição poética de Teixeira

> *O berço da Literatura de Cordel proporcionou uma tradição na poesia popular cujo vigor e virtuosidade eventualmente alcançaram proporções nacionais. O processo de amalgamar heróis locais num arquétipo nacional demonstra assim um ponto final e patente: a cultura popular deve ser apreciada como inseparável da sua evolução histórica, porque como tema que por si só tem sua história sofre constantes mudanças.*
>
> Linda Lewin

Em artigo publicado na Revista do Instituto Histórico e Geográfico da Paraíba, Pedro Batista, também livreiro e irmão de Francisco, chamou Teixeira de "Atenas de Cantadores", destacando os méritos poéticos dos filhos daquela terra sertaneja, entre os quais estavam seus irmãos e ancestrais. Tiveram os Batista como bisavô Agostinho Nunes da Costa — um dos primeiros glosadores sertanejos — e como tios-avós Ugolino e Nicandro Nunes da Costa, também nascidos em Teixeira e tidos como os melhores cantadores de sua época.

Francisco das Chagas Batista nasceu a 5 de maio de 1882, na casa grande do Riacho Verde, a poucos quilômetros da

Vila de Teixeira. Seus pais foram Luiz de França Batista e Cosma Felismina Batista. Permaneceu em Teixeira até 1900, quando, com 17 anos de idade, mal havendo aprendido a ler, viu-se forçado a transferir-se para Campina Grande, em companhia de sua mãe e de um irmão. O motivo principal foram os desentendimentos de sua família com Delmiro Dantas, poderoso proprietário de terras e chefe político em Teixeira. Anteriormente, Leandro Gomes de Barros, com 7 anos de idade, havia deixado a vila, acompanhando seu tio padre, em virtude da incompatibilidade deste com aquele truculento político.

Em Campina Grande, Francisco estudava à noite e durante o dia trabalhava carregando água e lenha no lombo de animais. Depois de algum tempo empregou-se na estrada de ferro de Alagoa Grande.

Publicou, em 1902, em velha tipografia campinense, o seu primeiro folheto — *Saudades do sertão* — que saiu a vender pelas feiras do brejo. Em Areia editou outros folhetos e na capital da Paraíba reeditou as *Saudades do sertão*, e granjeou elogios nos jornais *O Comércio* e *A União* e, em Natal, no jornal *A República*, em artigo assinado por Henrique Castriciano.

Por essa época (entre 1901 e 1903), Leandro Gomes de Barros e Francisco das Chagas Batista, exercendo atividades econômicas semelhantes, se encontraram e selaram amizade profunda e profícua, unindo interesses comuns: escrever poesia popular e vendê-la. Leandro então vivia do comércio ambulante em mulas de carga percorrendo os sertões, enquanto Chagas Batista mascateava com jóias de ouro e medalhas religiosas recebidas em consignação do seu irmão mais velho Ubaldino, possuidor de tropa de burros empregada no transporte de mercadorias para o mercado.

Dos treze irmãos de Francisco, vários foram poetas e escritores, destacando-se Manuel Sabino Batista – um dos criadores do movimento Padaria Espiritual, ocorrido no Ceará, e autor dos livros *Flocos e Vagas* – e Pedro Batista, autodidata, livreiro e prosador, membro do Instituto Histórico e Geográfico Paraibano. Autor dos livros *Cangaceiros do Nordeste* e *Cônego Bernardo*, Pedro Batista deixou inédito o romance *Ruínas da casa-grande*, de que chegou a publicar alguns capítulos, inclusive o de número VI, na edição de 3 de setembro de 1939, da revista do GEGHP – Gabinete de Estudinhos de Geografia e História da Paraíba, por ele fundado. Neste número da publicação é registrada sua morte, ocorrida um ano antes. Escreveu artigos em vários jornais e na revista do IHGP. Era grande amigo de Gustavo Barroso, com quem manteve intensa correspondência.

Poeta, livreiro e editor, Francisco das Chagas Batista entre os seus muitos méritos, teve o de escrever o trabalho mais importante, até então, sobre poetas populares e autores de Literatura de Cordel – *Cantadores e poetas populares* (Paraíba, Popular Editora, 1929). A obra contém as informações mais antigas e confiáveis sobre esta forma poética do povo, pois está apoiada em informações colhidas diretamente na fonte, pelo parentesco com os principais cantadores de seu tempo (e até a ele anteriores) e relações pessoais com os demais. Mesmo obras como as de Rodrigues de Carvalho (*Cancioneiro do Norte*, 1902), Leonardo Mota (*Cantadores*, 1921) e Gustavo Barroso (*Ao som da viola*, 1926) não registram poetas populares tão antigos como aqueles incluídos por Chagas Batista em *Cantadores e poetas populares*.

Sonetos, paródias e modinhas

Embora a parte mais importante de sua obra seja a dedicada à poética popular, que o coloca entre os mais importantes autores de Literatura de Cordel de todos os tempos, Chagas Batista também escreveu sonetos, poemas paródicos e modinhas, publicados nos livros *A lira do poeta* e *Poesias escolhidas* – este, com obras suas e de autores diversos.

Em *A lira do poeta* está o soneto dedicado a seu irmão, o cantador popular Antônio Batista Guedes:

SOB O LUAR

É noite. A lua na amplidão sidéria
Surgiu calma, garbosa e fulgurante;
E a treva a esbater-se agonizante,
Pelo espaço fugiu erma e funérea.

Meiga brisa anormal, passou aérea
Espargindo um perfume inebriante,
E beijando os vergéis onde brilhante,
Namorava co'a flora a deusa etérea...

E eu estava sozinho... Junto à margem
Dum ribeiro parei: linda miragem
Perpassava osculando a flor das águas.

E esse quadro real na natureza.
Aplacou-me no peito agra tristeza
E me fez esquecer antigas mágoas.

Este mesmo tom romântico, contemplativo, está no soneto "Um canto", publicado na edição de 7 de fevereiro de 1902 do *Ateneu Campinense*, do qual destacamos a primeira estrofe:

Passava a brisa mansa e buliçosa
Revolvendo a folhagem do arvoredo;
Imitando uma orquestra harmoniosa
Cantava alegremente o passaredo.

Evidencia-se na composição a influência do romantismo de um Castro Alves, de quem Chagas Batista era admirador, chegando a elaborar poema paródico ao seu *O livro e a América*, intitulado *O ébrio*, e dedicado ao seu amigo Leandro Gomes de Barros. Nessa paródia, o poeta mostra o ridículo do estado de embriaguês:

Talhado pra as bacanais
Pra beber, tombar, cair,
O embriagado, no crânio,
Sente a razão se extinguir...
Empresário das orgias
Cansado de outras folias
O beberrão disse já:
Vai, caixeiro, abre a torneira
Da pipa mais sobranceira
E tira vinho de lá.

Cheirando ainda às bebidas
Qual borracho sem rival,
O viciado desperta
Num desconcerto geral...
De vinho toma alguns copos,
E errando sai aos topos
Co'a garrafa na mão...
E os transeuntes pasmados
Com os braços estirados
Apontam o beberrão!

Autor de modinhas que eram impressas e cantadas pelo povo, o poeta teve em *Iracema e o guerreiro*, inspirada na obra de José de Alencar, uma das mais preferidas.

À sombra fagueira de grande oiticica
Coberta de flores ao sol matutino
A virgem Iracema – rainha dos campos –
Cantava com as aves concerto divino.

. . . .

Se me deres abrigo na tua cabana
Serás sempre ó virgem por mim adorada
Verás de meu estro surgir delirante
Canção maviosa, por ti inspirada.

É evidente em toda a obra poética erudita de Chagas Batista a influência de suas leituras, daí porque a presença de tantas paródias, como já assinalei. Tobias Barreto também teve o seu poema *Gênio da humanidade*, parodiado pelo poeta paraibano em obra dedicada a seu irmão Pedro Batista, e incluída em *Poesias escolhidas*[1], com o título *O amor*, do qual transcrevemos a última estrofe:

> Do povo imenso que passa
> Sou eu altivo'ideal;
> A Humanidade me abraça
> Cedendo à lei natural;
> As mães com os seus desvelos,
> Os velhos com os seus anelos
> E os moços com o seu furor:
> Desde os beijos virginais,
> Até os beijos sensuais,
> Em todos eu sou o Amor.

Outro escritor por ele parodiado foi Carlos Ferreira (1844-1913), cujo poema *Baile das múmias* inspirou Chagas Batista a escrever *A República Portuguesa*, que dedicou a seu irmão, também poeta, Raimundo Nonato Batista, onde está a estrofe:

> Bravo! Bravo! Os portugueses
> Festejam a liberdade!
> Republicanos comungam
> No banquete da igualdade....
> Dobra a festa em proporções;
> Em todos os corações
> Reina profunda alegria...
> Voltara, afinal, a calma...

---

[1] BATISTA (1918:119).

Reze-se agora por alma
Dessa velha monarquia![2]

Não faltava ao poeta espírito crítico, como o demonstra no poema em que satiriza o carnaval de sua época, com o entrudo, que incluía bisnaga, confete e laranjinha:

Na cidade tudo é festa,
Tudo é belo e pitoresco:
É o clube carnavalesco
Que, alegre, se manifesta.
Quem o entrudo detesta
Vai logo se pondo ao fresco,
Antes que o povo brutesco
Lhe ponha massa na testa.
Brincam moças à bisnaga...
E, no ar, o confete vaga
Como qualquer avezinha;
Esprema a plebe a seringa
E o intrigado se vinga
Com balas de laranjinha.[3]

A penúria financeira, decorrente da pouca receptividade para suas obras poéticas, levou Francisco das Chagas Batista a transferir-se para o Recife, onde residiu alguns anos produzindo e vendendo seus versos, pois na Paraíba era-lhe penoso manter-se e, ainda, estudar, como informa um cronista que assina M. M. no jornal O Combate, edição de

[2] BATISTA (1910:72).
[3] Cópia deste poema foi fornecida a Sebastião Nunes Batista pelo poeta Sebastião Viana, contemporâneo de Chagas Batista.

22 de janeiro de 1905, a propósito do opúsculo *Modinhas frescas*, de autoria do poeta teixeirense. Das considerações do articulista, depreende-se o caráter obstinado de Francisco a impulsioná-lo a tentar a vida na cidade maior, mais desenvolvida, onde poderia melhor alcançar seus objetivos. Chegou, então, a ingressar no Seminário de Olinda, mas a saúde precária fê-lo desistir da carreira sacerdotal e voltar à Paraíba. As dificuldades enfrentadas na juventude e a determinação de estudar, testemunhadas no artigo, revelam um espírito forte capaz de tudo arrostar, e mais o engrandeceu nas conquistas posteriores, quando se tornou livreiro e editor, possuindo a maior livraria e gráfica particular, à época, da capital paraibana, a Livraria Popular Editora. O artigo é adjetivoso e a postura do articulista, com relação a Chagas Batista e aos seus poemas, bastante preconceituosa. Descreve-o como um *"pobre sertanejo que, não há muito tempo, andou aqui em diversos lugares do interior, vendendo uns folhetinhos de versos que apenas traduziam a força de vontade de seu espírito moço desejoso de instruir-se e ávido de um futuro mais sorridente e feliz"*. Noutro ponto, Chagas Batista é descrito quase como um pedinte: *"Vagando pelas ruas, rogando a um e outro que lhe comprasse seus versos, para adquirir recursos para estudar, disse-me ele, nenhum apoio encontrou, em sua terra natal, o pobre boêmio"*. E, mais adiante, o cronista vem com esta pérola de raciocínio, em que considera uma infelicidade desejar-se estudar e fala de *"ciência literária"* em vez de arte literária e desanda em pieguice: *"Mas infelizmente, o pobre sertanejo era ávido de saber, queria conhecer os segredos da ciência literária, era um sonhador, um iludido enfim, cria no futuro!"*

Transcrevo o artigo pelas informações que presta sobre Francisco das Chagas Batista[4]:

Escolhi para assunto destas linhas um pobre sertanejo que, não há muito tempo, andou aqui em diversos lugares do interior, vendendo uns folhetinhos de versos que apenas traduziam a força de vontade de seu espírito moço desejoso de instruir-se e ávido de um futuro mais sorridente e feliz. Pobre agricultor, nascido nas encostas da Borborema, sem nenhum conhecimento literário, sem meios que melhor o recomendassem, escrevia contudo algumas quadrinhas que, embora sem arte e incorretas, deixavam transparecer pálidos reflexos de sua inteligência prometedora. Deixou a vida campestre e procurou a capital de seu Estado, onde publicou alguns fascículos de poesias, tratando porém de assuntos tão baixos que ninguém deu-lhe a mínima importância, a não ser um moço generoso de nosso meio que, vendo a sua força de vontade, amor e dedicação às letras, nas colunas d'O Comércio, deu-lhe uns brados de avante. Vagando pelas ruas, rogando a um e outro que lhe comprasse seus versos, para adquirir recursos para estudar, disse-me ele, nenhum apoio encontrou, em sua terra natal, o pobre boêmio. Tive pena do desventurado filho das selvas, quando vi-o partir para as bandas do Sul, deixando saudoso a terra que lhe dera berço onde embalara as suas esperanças de glória e de futuro; onde aprendera as cantigas repassadas de amor que soltavam os rudes menestréis aos alvos reflexos das noites de luar de sua terra tão amada e tão ingrata, e ir procurar noutras plagas a erradia felicidade para realizar seus sonhos dourados. Mas

[4] BATISTA (1977:2).

infelizmente, o pobre sertanejo era ávido de saber, queria conhecer os segredos da ciência literária, era um sonhador, um iludido enfim, cria no futuro! Por isso o melhor qualificativo que teve em nossa terra foi o de louco. De lá das paragens do Sul (Pernambuco), onde com esmero cultiva o seu estro, lembra-se ainda Francisco das Chagas Batista desta infeliz terra que o banira de seu seio, e nostálgico desprende amarguradas canções na lira magoada da saudade.

Daí eu tirar uma conclusão contra a sentença do grande orador latino: *ubi libertas, ibi patria*, não é assim; o amor da pátria, os atrativos do lar, as primeiras impressões que recebemos do lugar onde demos nossos primeiros passos nos acompanham até a hora da morte. Por isso é que o nosso triste trovador, nos momentos em que a saudade traspassa-lhe a alma triturada, exclama este ai de amargura:

"*Ah! quem me dera um momento*
Dos que passei no meu ninho;
Ah! se trouxesse-me o vento
De minha mãe um carinho...
Proscrito me fez a sorte;
Do destino o brado forte
Ouço dizer-me: marchai!...
Se ao céu elevo um grito
Não ouço do infinito
Ninguém dizer-me: — voltai!"[5]

---

[5] Informa Sebastião Nunes Batista (1977:2) que a estrofe pertence ao poema *Monólogo de um marinheiro*, dedicado pelo poeta a sua mãe.

É uma poesia lírica, quase pastoril e original, que sabe arrancar dos corações as doçuras do amor! [...]. Por isso, do coração do poeta nasce, quase sempre, ao mesmo tempo, o riso e o pranto, transformando-se nessas lutas intestinas, intraduzíveis e indefinidas que, a não ser ele, ninguém mais conhece e compreende. Por isso é que o pobre trovador foi chamado louco. Chamem-no, eu porém chamá-lo-ei poeta – um sonhador.

Editor

Em 1909, já de volta à Paraíba, Francisco casou-se com sua prima Hugulina Nunes da Costa, filha de seu tio-avô Ugolino Nunes da Costa, também conhecido como Ugolino do Sabugi, tido como o maior poeta popular de seu tempo. Passou então a residir em Guarabira, na rua da Cadeia Velha nº 9, onde vendia, "pelo preço do Recife – relógios, jóias, miudezas e livros de instrução, romances, poesias e manuais"[6]. Ali era visitado com freqüência por seu amigo Leandro Gomes de Barros, também como ele criado na fazenda de propriedade de sua família, Riacho Verde, na vila de Teixeira. De Leandro, Chagas Batista comprou em Guarabira uma tipografia na qual imprimia folhetos. Certa vez, os dois foram a um casamento montados em animais de propriedade de Chagas Batista. O cavalo montado por Leandro era muito trotão, motivando mais tarde um folheto satírico deste poeta, de muito sucesso na época, intitulado O *poltro de meu colega*, que fez. Em resposta ao poema do amigo, Chagas Batista escreveu e publicou fo-

---

[6] Esta informação está no folheto *A vingança de Antônio Silvino* (*A morte de Maurício*) – *As orações de Antônio Silvino*. Apud BATISTA (1977:22).

lheto, hoje raríssimo, com exemplar na Biblioteca Nacional, sob o título *Resposta ao poltro do meu colega*.

Em Guarabira, em 1910, nasceu-lhe o primeiro filho, Francisco Nunes Batista (1910-1952).

Animado com o sucesso alcançado naquela cidade, Chagas Batista resolveu ampliar seu público e seus negócios e transferiu-se, nesse mesmo ano, para a capital paraibana, onde já em 1911 nascia sua filha Hugolina (1911-1926).

A invejável capacidade de trabalho e a vontade de possuir uma editora para seus próprios livros e de outros poetas populares fê-lo fundar, seis ou sete anos depois, a Livraria Popular Editora em uma das principais ruas da Paraíba (nome que tinha a capital à época), a da República. A livraria era destinada à comercialização de obras editadas no Rio de Janeiro — incluindo jornais e revistas que chegavam pelos navios — e de autores locais, eruditos e populares, entre estes, Leandro Gomes de Barros, seu velho amigo e sogro de seu irmão Pedro Batista, e gráfica para impressão de folhetos e livros diversos. A Livraria Popular Editora tornou-se um ponto de encontro de políticos, intelectuais e poetas populares. Os primeiros em busca de obras novas de autores nacionais e estrangeiros e publicação de seus trabalhos, e os segundos por amizade e natural aproximação entre artistas do mesmo ramo, além de ali, igualmente, editarem seus folhetos. Segundo depoimento de Pedro Batista, irmão e sócio de Francisco, a Livraria Popular Editora iniciou na Paraíba "o comércio de livros usados e prestou valiosos serviços a uma geração de estudantes pobres que reconhecidamente guardam-lhe o nome."[7]

---

[7] CASCUDO (1984:326).

Menor não foi, no entanto, o serviço prestado por Francisco à cultura popular como editor, tornando-se o grande divulgador da poesia do povo, editando e estimulando poetas, dos quais se fez grande amigo, como acentua Sebastião Nunes Batista: "Na tipografia da Popular Editora publicou centenas de folhetos seus, de Leandro Gomes de Barros e de outros poetas populares, tendo sido um dos pioneiros do gênero"[8].

Luís da Câmara Cascudo atribui-lhe a autoria de quinhentos folhetos[9], número sem dúvida bastante exagerado, mas certamente expressivo do seu prestígio e não muito distante de sua real produção. Independente da quantidade, a obra de Chagas Batista é relevante sobretudo em qualidade e lhe assegura lugar privilegiado no romanceiro popular do Brasil.

Leitor ávido e atento, sempre estava bem informado sobre os acontecimentos locais, regionais, nacionais e estrangeiros, como retratam os temas de seus folhetos, que vão desde a queda da monarquia em Portugal ao torpedeamento de navios brasileiros durante a Primeira Guerra Mundial, problemas de fronteira (*A Questão do Acre*), a assuntos relacionados com o Recife, o interior do Nordeste (cangaceirismo) e locais, envolvendo política, crises econômicas e sociais, além da versificação de romances

---

[8] BATISTA (1977:10).
[9] CASCUDO (1979:12): "Não é mais possível nas cidades maiores do Brasil a existência do poeta profissional. No sertão, ou vivendo para o sertanejo, ainda resiste essa figura admirável que as Histórias da Literatura ignoram. Conheci um desses, o velho Leandro Gomes de Barros, 1868-1918. Viveu, com família e decência, exclusivamente de escrever versos, imprimi-los e vende-los às dezenas de milhares. Foi autor de mais de mil folhetos com mais de 10.000 edições. Tudo quanto escrevia era imediatamente lido pelo povo. (...) O mesmo poder-se-ia dizer de Francisco das Chagas Batista , 1885-1929, deixando mais de 500 folhetos impressos de sua autoria, e de João Martins de Ataíde, veterano poeta do povo, residente no Recife."

estrangeiros (*Quo Vadis*) e nacionais (*A escrava Isaura*) ou mesmo de novelas e romances peninsulares em versos, como é o casa do folheto A imperatriz Porcina, entre outros.

Dois de seus poemas — *A vacina obrigatória* e *A Questão do Acre* — foram reproduzidos por Gustavo Barroso[10] e depois por Pedro Calmon[11] (que deste os transcreve), com a seguinte anotação:

> No primeiro caso a revolta nas ruas do Rio de Janeiro buliu com a imaginação popular; no outro, a vitória diplomática do Barão do Rio Branco excitou o patriotismo da boa gente do interior, sempre disposta — no irredutível nativismo de sua lírica — a cantar as glórias brasileiras... Oswaldo Cruz, para sanear a Capital, enfrentou os preconceitos da massa: a sua grande luta, porém, foi com a política "jacobina", oposta ao Presidente Rodrigues Alves, que sublevou, contra a sua benéfica autoridade, os bairros humildes, atingidos pela profilaxia e vasculhados pelas "brigadas" sanitaristas, do homem que eliminou a febre amarela... O paraibano Francisco das Chagas Batista assim nos relata o acontecido.

Em outro folheto — *O desastre do Aquidabã* — Chagas Batista narra a explosão, na Ilha Grande, Rio de Janeiro, do navio de guerra durante o Carnaval de 1906.

Ao estabelecer a Cronologia das Obras de Francisco das Chagas Batista, seu filho e biógrafo, Sebastião Nunes Batista (1977: 10) destaca logo de início a dificuldade da ta-

---

[10] BARROSO (1949:460-463).
[11] CALMON (1973:300).

refa, acentuando que "não é fácil estabelecer com precisão" o elenco das obras do poeta com as datas de publicação, pois "sabemos que a maioria de seus folhetos está esgotada e dos poucos que restam alguns não trazem data de edição". Na empresa, para a qual por várias razões estava qualificado (filho, pesquisador, estudioso e integrante da equipe de pesquisas de Literatura Popular em Versos da Fundação Casa de Rui Barbosa) Sebastião, passados mais de cinqüenta anos da morte de Chagas Batista, fez o quanto lhe foi possível.

Baseado em informações prestadas por Pedro Batista, através de carta, a Luís da Câmara Cascudo, referida por este em *Vaqueiros e cantadores* (1984: 326), indica *Saudades do sertão* como o primeiro folheto publicado por Chagas Batista, com data de 1902, "numa velha tipografia de Campina Grande". Também em Areia (PB) o poeta publicou outras obras e na capital da Paraíba reeditou o poema de estréia. As obras publicadas em Areia, entre os anos de 1902 e 1903, perderam-se, delas apenas restando a notícia vaga fornecida por Pedro Batista a Câmara Cascudo.

"Em 1904", prossegue Sebastião, "escreveu *A vida de Antônio Silvino*[12] que, juntamente com o poema *Anatomia do homem*, publicou num folheto de dezesseis páginas na Imprensa Industrial, no Recife." Indica também como sendo desse período os poemas *A vacina obrigatória* e *A Questão do Acre*, acima referidos.

---

[12] Com este folheto, Chagas Batista iniciava o ciclo de Antônio Silvino, engrossado por Leandro Gomes de Barros, com vários poemas dedicados às façanhas do cangaceiro. E, ainda hoje, continuado com cangaceiro sendo celebrado por vários poetas populares, inclusive criando situações fantasiosas, fictícias descrevendo-o como um herói do povo, levando justiça onde esta falta e combatendo a prepotência dos poderosos.

Em 1905, é reeditado *A vida de Antônio Silvino* e, provavelmente[13] no ano seguinte, 1906, publicado, em um só folheto, na Imprensa Industrial, Recife, *O desastre do Aquidabã – A história de Antônio Silvino* – 1º volume, em cujo final informa: "Continua no folheto *As vítimas da crise*." Aqui convém observar o recurso de marketing utilizado por Chagas Batista a fim de manter o interesse de seu público, como faziam os editores de folhetins da época, dividindo as narrativas em capítulos. O poeta publicava no mesmo folheto um poema completo e parte de outro (no caso, a história de um famanaz cangaceiro que levava o terror aos sertões nordestinos) e anunciava a seqüência da narrativa em obra a ser lançada proximamente, de modo a assegurar sua comercialização. Seguem-se, o folheto anunciado, com os poemas *As vítimas da crise* e *Continuação da história de Antônio Silvino*.

Em 1907, publica *A história de Antônio Silvino*, ("Contendo o retrato e toda a vida de crimes do célebre cangaceiro, desde o seu primeiro crime até a data presente, setembro de 1907"). No final deste folheto, Chagas Batista põe a seguinte nota: "Logo que Antônio Silvino tenha um paradeiro eu hei de continuar esta história, que fica suspensa até que se dêem novos acontecimentos na vida dele". Já no ano seguinte, 1908, a saga do cangaceiro é continuada com *História de Antônio Silvino* (*Novos Crimes*) em folheto onde está a primeira parte de *A formosa Guiomar*, com a seguinte nota: "continua na *Peleja de um português com um brasileiro*". No mesmo ano é editado o folheto *A morte de Cocada e a prisão de suas orelhas* junta-

---

[13] A explosão do navio Aquidabã, como já observei, ocorreu no início de 1906, e, naturalmente, o fato foi imediatamente posto em versos por Chagas Batista, cumprindo aceitar esta data como precisa.

mente com *A política de Antônio Silvino*, pela Imprensa Industrial (Recife). O 3º volume de *A formosa Guiomar* é publicado juntamente com *A maldição da nova seita*. Vem, em seguida, *Resposta ao poldro do meu colega* (1909).

Também pela Imprensa Industrial, de Recife, Chagas Batista imprimiu, em 1910, *A lira do poeta*, 132 páginas, contendo modinhas recitativas e sonetos, onde declara ser "o único livro de versos da nossa literatura em que se encontra a poesia e a sua paródia". Este é também o seu primeiro livro de poemas eruditos.

A partir de 1911, o poeta passa a publicar suas obras na capital paraibana. Nesse ano edita, na Tipografia da Livraria Gonçalves Pena & Cia., Paraíba, *Novas lutas de Antônio Silvino* (contendo os crimes cometidos pelo célebre caudilho, de setembro de 1910 até abril de 1911) e *Traição, vingança e perdão* (1º volume) num mesmo folheto. Também aparece nesse ano o folheto com *O estudante caipora* e o 3º volume de *Traição, vingança e perdão*, igualmente editado pela Tipografia da Livraria Gonçalves Pena & Cia.

Em 1912 é publicado, pela mesma tipografia, folheto com *Novas empresas de Antonio Silvino* (contendo os crimes de março a agosto de 1912), *A encrenca da Paraíba ou a Revolução dos Drs. Santa Cruz e Franklin Dantas* e *O resultado da Revolução do Recife – O enterro da justiça*.

No ano seguinte, 1913, também pela Tipografia da Livraria Gonçalves Pena & Cia., edita em um folheto *Os milagres do Bento de Beberibe e o enterro da medicina* e a conclusão da *História do capitão do navio*. Vem em seguida a *Salvação do Rio Grande do Norte – As orações de Antônio Silvino*.

Embora Sebastião Nunes Batista afirme que provavelmente é deste mesmo ano (1913) o folheto *A vingança de*

Antônio Silvino (A morte de Maurício) – As orações de Antônio Silvino, acredito que ele labora em pequeno equívoco, pois, há nessa publicação anúncio de que "Francisco das Chagas Batista vende em Guarabira pelo preço do Recife – relógios, jóias, miudezas e livros de instrução, romances, poesias e manuais." Ora, em 1910 ele se transferiu para a capital paraibana, onde, em 1911, nasceu sua filha Hugolina, não se justificando a inserção de publicidade de atividades comerciais em Guarabira, onde não mais residia e conseqüentemente não devia manter qualquer estabelecimento para venda de tais produtos. Assim, a data da publicação do folheto só pode ser anterior a 1911.

Entre 1914 e 1915 são publicados vários folhetos, entre os quais *O interrogatório de Antônio Silvino*, na Imprensa e Papelaria Pacheco, no Rio de Janeiro. Raramente essas obras trazem a data de sua impressão, tornando mais difícil precisá-la. Isto levou Sebastião a atribuir ao ano de 1916 a edição de várias delas.

"Em 1917", diz Sebastião Nunes Batista, "aparece já na 4ª edição o romance *Traição e vingança – História de Esmeraldina (Tragédia Célebre)*, folheto de quarenta páginas, tendo como anexo um catálogo da Popular Editora, citando os seguintes títulos: *A história de Antônio Silvino*, *A descrição do Amazonas*, *Casamento e mortalha (História de Carlos e Celina)*, *O triunfo do amor (História de Calina, extraído do romance Quo Vadis)*, *História de Guiomar, História de Maria Rita*". Nesse ano foi publicado também *O Brasil na Guerra – Torpedeamento dos vapores "Paraná", "Tijuca" e "Lapa" – Nossa conflagração*.

O primeiro título de Chagas Batista saído com o selo da Popular Editora é o seu livro de poemas eruditos *Poesias escolhidas*, em 1918, contendo obra suas e de poetas de expressão nacional. Na quarta-capa desta obra está a relação dos seguintes títulos de autoria do poeta: *História de Antônio Silvino, Traição e vingança, Casamento e mortalha* e *História da Escrava Isaura*.

Na Tipografia da Empresa Literária, Porto, Portugal. edição da Editora H. Antunes, Rio de Janeiro, é publicado, em 1919, a *História completa de Antônio Silvino — Sua vida de crimes e seu julgamento*, com oitenta páginas e capa em policromia, transcrito neste trabalho.

Sebastião arrola como publicados no período de 1920 a 1928 os seguintes folhetos: *O marco de Lampião, Os decretos de Lampião (Como ele foi cercado pela Polícia Paraibana em Tenório, onde morreu Levino Ferreira, seu irmão) — A morte do inspetor de Santa Inês — O valente Vilela, Os revoltos no Nordeste — A hecatombe de Piancó e a morte do Padre Aristides — Novos crimes de Lampião, O mundo às avessas, O povo na cruz — A caravana democrática em ação*, e *A história do Capitão Lampião (desde o seu primeiro crime até a sua saída do Juazeiro — Contendo a luta do serrote preto, o fechamento do corpo de Lampião por um feiticeiro, o pacto de Lampião com o diabo e a luta com o tigre)*. Cita ainda, sem precisar-lhes a data de publicação: *A história da Imperatriz Porcina, O menino gigante — O choro e dissabor da pobreza, O vício só aguardente, O menino jibóia, Amor e firmeza*[14]. A expressiva maioria da obra de Fran-

---

[14] BARROSO (1917:242) afirma que o folheto *O silêncio de Antônio Silvino* é de autoria de Francisco das Chagas Batista, quando, na realidade, a obra foi escrita por Leandro Gomes de Barros, e está incluída na *Bibliografia prévia de Leandro Gomes de Barros*, de autoria de Sebastião Nunes Batista (1971:70).

cisco das Chagas Batista perdeu-se, como a de muitos poetas populares do Nordeste.

Em 1929, publicou na Livraria Popular Editora sua obra mais importante – *Cantadores e poetas populares*. Faleceu no ano seguinte, no dia 26 de janeiro de 1930, em sua casa, à rua da República, anexa à Livraria Popular Editora, deixando os seguintes filhos: Francisco, Luís (poeta), Maria das Neves Batista Pimentel (minha mãe, poetisa, a primeira mulher a escrever folhetos de Cordel), Pedro Werta (poeta), Maria das Dores, Maria Leonor, Paulo Nunes Batista (jornalista, advogado, poeta erudito e popular, membro da Academia Goiana de Letras), Sebastião Nunes Batista (poeta, pesquisador da Fundação Casas de Rui Barbosa, autor de várias obras de estudo da Literatura de Cordel), João e José (poeta).

As histórias de Antônio Silvino e Lampião impressionaram vivamente Chagas Batista, a ponto de dedicar grande número de folhetos ao primeiro cangaceiro. Mas uma das obras-primas da sua poética é, sem dúvida, a *História do valente Vilela*, inclusive já transposta para o palco pelo teatrólogo piauiense Francisco Pereira da Silva.

Trata-se de um tema antigo, tradicional, de que correm várias versões. Cascudo (1984: 170) anota: "As cantigas mais velhas que meu pai dizia ter ouvido quando criança eram as referentes ao *Valente Vilela*, que Leonardo Mota registrou no *Cantadores* e a cantiga de *João do Vale*, que Sílvio Romero guardou". Mota (1960: 47), em 1921, data da primeira edição de *Cantadores*, transcreve versão da *Cantiga do Vilela* afirmando que "essa conhecida lenda sertaneja inspirou numerosas cantigas. Jacó Passarinho e Serrador, por exemplo, cantam variantes. O cego Aderaldo garante que a primeira *Cantiga do Vilela* foi composta pelo cantador Manuel da Luz, de Bebedouro. Sinfrônio (Cego Sinfrônio – Sinfrônio Pedro Martins) assegurou-me que a sua é que é a verdadeira, "a boa, a legítima de Braga", e acrescentou que a havia aprendido de Jaqueira".

A versão transcrita por Mota difere bastante da de Chagas Batista, embora narre a mesma história. Já a divulgada por Barroso (1984: 286), também em 1921, sem indicar autor, é, seguramente, uma variante da *História do valente Vilela* atribuída a Francisco das Chagas Batista e publicada em folheto juntamente com o poema *Os decretos de Lampião – como ele foi cercado pela polícia paraibana em Tenório, onde morreu Levino Ferreira, seu irmão – A morte do inspetor de Santa Inez*, sem indicação de autoria. Há bastante semelhança nos versos, como é igual o número de estrofes: 39. Barroso era muito amigo (e correligionário político) de Pedro Batista, de quem declara haver recebido folhetos de Francisco. A publicação atribuída a Francisco das Chagas Batista traz na capa o seguinte: "Editor Proprietário F. C. Baptista Irmão, rua da República, 585, Paraíba do Norte, 28/8/925. Em lugar do nome do autor está escrito Poesias Populares". O poema *História do valente Vilela* foi incluído na *Antologia de Francisco das Chagas Batista*, elaborada pela Fundação Casa de Rui Barbosa, onde em um posfácio Homero Sena esclarece que alguns folhetos publicados sem indicação de autoria apareceram mais tarde em *Cantadores e poetas populares* (1929) na relação de "outras obras do autor" ou estão arrolados por Rodrigues de Carvalho (*Cancioneiro do Norte*) entre aqueles escritos por Chagas Batista. Por via das dúvidas, resolveu incluir na *Antologia* tais obras publicadas por F. C. Baptista Irmão, sem indicação de autor, entre aquelas assinadas por Francisco das Chagas Batista.

Convém, ainda, lembrar haver os poemas escritos por Leandro e por Francisco das Chagas preservando seletivamente parcelas da antiga tradição oral, e ao resgatar uma grande parte desse repertório, os folhetos também perpetuariam a antiga relação histórica entre a temática épica da elite de família, e sua função em projetar uma perspectiva estabelecida dos eventos[15].

Assim, há duas hipóteses a considerar: Francisco das Chagas Batista escreveu a história do Vilela e esta foi popularizada, decorada, recitada e cantada por cegos e violeiros; ou a história do Vilela já existia na tradição oral, que antecedeu à escrita (dos folhetos) e Chagas Batista a aproveitou, como era comum fazer-se com obras sobre Carlos Magno, romances tradicionais, poemas do ciclo do gado ou de bandidos como Lucas da Feira, Zé do Vale e outros.

Com relação a Antônio Silvino, um dos assuntos prediletos de Chagas Batista, como se depreende de sua bibliografia, Leandro Gomes de Barros também se ocupou do tema e tratou-o com o maior brilho. Muitos, inclusive, creditam-lhe a iniciativa de haver criado o ciclo em versos da saga do cangaceiro, quando, na verdade, a primazia cabe a Francisco das Chagas com a publicação, em 1904, de *A vida de Antônio Silvino* – primeiro poema popular dedicado ao cangaceiro.

---

[15] Como assinala LEWIN (1979:195).

Registros contemporâneos

A obra de Francisco das Chagas Batista é citada e elogiada pelos primeiros pesquisadores da Literatura de Cordel e estudiosos do interior nordestino.

Já Rodrigues de Carvalho[16] faz-lhe a seguinte referência:

Sobrinhos de Gulino e de Nicandro, irmãos do pranteado poeta Sabino Batista, os irmãos Batista fotografaram em versos correntes, ao sabor do povo, tudo quanto impressionava vivamente no curso dos acontecimentos.

Descrevendo a passagem dos revoltosos da coluna Prestes pelos sertões da Paraíba, Chagas Batista traça com singeleza o quadro emocionante do sacrifício do Padre Aristides, tipo de herói das tragédias antigas.

Em 1917, Gustavo Barroso refere-se a Francisco das Chagas Batista como um "cantador que não empana a verdade dos fatos, que narra as menores minúcias e que tem, no seu gênero, grande propriedade e inspiração, sendo o Gerardo de Vieira sertanejo[17]".

Compara-o aos autores de gestas medievais, e assinala: "dadas as diferenças de meio e época, são quase iguais as descrições das lutas sertanejas". Depois de observar que o "menestrel sertanejo só tem a entusiasmá-lo na exigüidade do seu meio os feitos guerreiros dos cangaceiros." [...] afirma: "nas linhas gerais, seu ciclo de canções épicas é tão espontâneo

---

[16] CARVALHO (1995:388).
[17] BARROSO (1917:242).

e belo quanto os ciclos épicos dos Francos e Bretões, dos Longobardos e Saxônios, dos Godos e Burgundos".

E segue estabelecendo comparações entre as produções de Francisco das Chagas Batista e a poesia da época medieval:

"No mesmo grau literário de sentimento épico e de emoção guerreira diante de uma alta fama de valor está o seguinte trecho da *Crônica do monge de São Gall*: 'Quando virdes os trigais se agitarem e curvarem como ao sopro do furacão, o Pó e o Tessino, de assombro, inundarem os muros da cidade com as águas enegrecidas pelo ferro, então podereis crer que Carlos Magno passa!'"

Ragnar era um terrível pirata norueguês, que depredava praias e rios da França e da Inglaterra, tendo até ameaçado Paris. Preso pelos anglo-saxões, foi encerrado numa torre cheia de víboras, cobras, osgas, lacraus, sapos, caranguejos e lagostas, morrendo devorado por esses bichos. O seu canto guerreiro é uma das mais típicas canções dos fortes povos da Escandinávia. Sempre com estribilho marcial — "nós ferimos com a espada" — diz ele: "As altas cimeiras dos elmos retiniam os golpes das lâminas, as vagas se elevavam de todos os lados e o corvo nadava no sangue!... Ergui a lança com altivez, avermelhei a espada aos vinte anos de idade, combati oito chefes no Oriente, na embocadura do Duna. Demos farto jantar aos lobos!..."

Dadas as diferenças de meio e época, são quase iguais as descrições das lutas sertanejas:

"Era uma luta medonha
Todo esse povo atirando!
As balas perto de mim

Passavam no ar silvando:
O tiroteio imitava
Um tabocal se queimando.

Abracei aos vinte anos
A profissão de matar.

....

Do Monteiro os urubus
Estão gordos de comer gente!

....

Logo no primeiro tiro
Dois sargentos derrubei,
Com uma bala certeira
Ambos duma vez matei!"

Um cronista medieval assim exprime seus ardores guerreiros:

"Grande e viva a minha alegria, quando vejo castelos sitiados, morros derruídos e o exército acampado sobre a margem do rio, rodeado de fossos e paliçadas". Esse prazer diante dos preparativos bélicos e das lutas humanas está registrado nesses versos do sertão:

"Ali se aprecia muito
....
Um homem que mata onça
Ou então um cangaceiro".

Barroso (1921: 375) volta a transcrever poemas de Chagas Batista sobre o bacharel Santa Cruz e Antônio Silvino, em 1921, em seu livro *Ao som da viola*.

Em nota biobliográfica, Cascudo (1984: 325) acentua que "Francisco das Chagas Batista não foi cantador, mas um dos mais conhecidos poetas populares. Sua produção abundantíssima forneceu vasto material para a cantoria. A gesta de Antônio Silvino possuiu em Chagas Batista um dos melhores e decisivos elementos".

Albino Gonçalves Fernandes[18] destacou o interesse e a importância do folheto *As manhas de um feiticeiro* como documentação de uma sessão de catimbó à época. "O poeta popular paraibano Francisco das Chagas Batista, que viveu nesta região e deixou uma notável contribuição ao nosso folclore, narra uma sessão de catimbó no seu folheto *As manhas de um feiticeiro*."

Paulo Nunes Batista, advogado, jornalista, poeta erudito e popular, membro da Academia Goiana de Letras, filho de Francisco das Chagas Batista, ao tomar posse na cadeira nº 12 da Academia Brasileira de Cordel, cujo patrono é seu pai, proferiu discurso em versos intitulado *A vida e a obra de Francisco das Chagas Batista*. Neste importante trabalho, Paulo Nunes, com grande maestria, de modo a não desmerecer a origem, relata aspectos principais da vida e da produção poética de seu pai.

No *Dicionário biobibliográfico de repentistas e poetas de bancada*, no verbete dedicado a Francisco, lê-se: *Chagas Batista era excelente poeta, espírito crítico, romanesco e espirituoso*[19].

---

[18] FERNANDES (1938:92).
[19] ALMEIDA (1978:88).

O romancista paraibano José Lins do Rego faz referência ao poeta em seu romance *Pedra bonita:* "O velho Batista da Paraíba fez umas loazinhas parecidas, igualzinhas aos versos que ele tirava para Antônio Silvino, e botou para vender nas feiras"[20].

A *Grande enciclopédia Delta Larousse* (1970: 800) insere verbete sobre Francisco das Chagas Batista em que comete o equívoco de afirmar haver o poeta fundado a Livraria Popular Editora na cidade de Guarabira.

Estudado nos Estados Unidos

Em trabalho sobre Antônio Silvino na tradição popular do Nordeste, a professora Linda Lewin[21], da Universidade de Princeton, Estados Unidos, destaca a importância de Francisco das Chagas Batista e Leandro Gomes de Barros na consolidação da poética popular impressa em folheto, mal saída da oralidade e se firmando por meio desses dois grandes poetas e maiores representantes dessa forma de expressão. Observa também que a amizade entre eles não foi fruto do acaso, mas decorrente de convivência no mesmo espaço geográfico (Teixeira) e até ambiente familiar – na fazenda Riacho Verde.

A pesquisadora vê nos poemas populares de Chagas Batista e Leandro Gomes de Barros sobre Antônio Silvino "a confirmação do papel histórico real que ele exercitava, como um membro extralegal da classe ruralista, enquanto na verdade do mesmo modo empregando-o artisticamente, para criticar o sistema político dominado pela oligarquia

---

[20] RÊGO (1973:55).
[21] LEWIN (1979:157-204).

latifundiária. A estrutura poética, os motivos e a fórmula de verso revelam o domínio da classe rural na sociedade em diferentes maneiras. Essas estruturas e símbolos foram derivados da tradição erudita de uma elite culta, que de uma maneira geral vinha da classe rural".

Estuda Lewin a "proeminência poética de Teixeira", destacando duas correntes principais: uma de seguidores de Ugolino Nunes da Costa, a que se filiam Leandro Gomes de Barros e Francisco das Chagas Batista, e outro de Francisco Romano Caluête, com Veríssimo, seu irmão, Josué Romano, seu filho e Silvino Pirauá de Lima, o primeiro a publicar folheto (*História do capitão do navio*) e outros. Ao primeiro grupo pertenciam *os brancos da família Nunes da Costa*, "uma rica e tradicional família dominante e latifundiária em Teixeira", enquanto Francisco Romano Caluête era "um homem de cor e pobre". O confronto racial e de classe social imaginado por Lewin resulta de conclusão bastante apressada. Na célebre disputa poética de Romano Caluête com o preto escravo Inácio da Catingueira, este, em dois momentos, trata o adversário por "meu branco":

Inácio — *Meu branco, não diga isso*
Que o senhor não me conhece,
Veja quando o sol sair
Com a luz que resplandece:
Olhe para os quatro lados
Que o negro velho aparece.

....

— Meu branco, eu dou-lhe um conselho
Se voimincê me atende;
Se for para nós brincarmos
Pode ir que não me ofende,
Mas pra tomar Catingueira
Não vá não que se arrepende[22].

Fica evidente assim não ter tido Francisco Romano Caluête a pele propriamente escura, embora guardasse evidentes traços da raça negra[23] e, sobretudo, não queria ser negro. Em verdade ele era mestiço, mas fazia questão de passar por branco (como declara nos versos abaixo), aceitando naturalmente a referência a esta condição racial a ele atribuída pelo negro Inácio. E jamais poderia tomar o partido dos negros, pois ele próprio possuía escravos e na peleja com Inácio acicatou-o em várias oportunidades em virtude de sua cor e condição de escravo. Em versão da peleja colhida pelo padre Manoel Otaviano estão as seguintes estrofes bastante esclarecedoras da questão:

Romano — *Negro, canta com mais jeito,*
Vê a tua qualidade,
Eu sou branco, tu um vulto
Perante a sociedade.
Eu em vir cantar contigo
Baixo de dignidade.

---

[22] BATISTA, Francisco das Chagas. *Cantadores e poetas populares*. João Pessoa: Conselho Estadual de Cultura/SEC, 2ª edição, 1997, p. 63.
[23] O padre Manoel Otaviano, em conferência pronunciada no dia 13 de 1948, na Vila de Catingueira, Paraíba, intitulada *Inácio da Catingueira*, transcrita por NUNES (1979:148), declara: "Dizem que Romano não tinha a pele bem limpa nem o cabelo muito bom e que os seus antepassados ascendiam de tronco africano."

Inácio – *Esta sua frase agora*
Me deixou admirado...
Para o senhô ser branco,
Seu couro é muito queimado,
Sua cor imita a minha,
Seu cabelo é agastado.

Romano – *Com negro não canto mais*
Perante a sociedade.
Estou dando cabimento
E ele está com liberdade,
Por isso vou me calar
Mesmo por minha vontade.

Inácio – *O senhô me chama negro*
Pensando que me acabrunha,
O senhô de homem branco
Só tem os dente e as unha,
Sua pele é muito queimada
E seu cabelo é testemunha.

Romano – *Inácio, eu estou ciente*
Que tu és um negro ativo;
Mas não estou satisfeito
Devo te ser positivo;
Me abate hoje em cantar
Com um negro que é cativo.

Inácio – *Na verdade, seu Romano,*
Eu sou negro confiado!
Eu negro e o senhô branco

>   Da cor de café torrado!
>   Seu avô veio ao Brasil
>   Para ser negociado.
>
> **Romano** – *Inácio, eu vou te pedir,*
>   Vamos deixar o passado,
>   Esquecer quem foi cativo
>   Que nos dá mais resultado,
>   Acabar a discussão,
>   Esquecer todo o atrasado.
>
> **Inácio** – *Isso, aí, é outra coisa,*
>   Eu não luto sem motivo,
>   O senhô também esqueça
>   O povo que foi cativo,
>   Quem tem defunto ladrão
>   Não fala em roubo de vivo.

E com relação à condição econômica de Francisco Romano Caluête, o padre Manoel Otaviano (NUNES, 1979) informa haver sido ele "proprietário meio abastado". Esta situação econômica é mais claramente delineada por F. Coutinho Filho: *"Romano possuía o pedaço de terra da sua lavra, e um escravo, bens patrimoniais recebidos por doação, do abastado ascendente da família Caluête"*[24].

Temos, portanto, que as disputas entre Romano e Ugolino restringiam-se ao campo intelectual, da cantoria, pois ambos eram pequenos proprietários rurais e, com relação à questão racial, embora o poeta de Mãe D'água

---

[24] COUTINHO FILHO (1953).

descendesse da raça negra, nunca a defendeu; antes, a espezinhou, pois julgava-se branco e como tal queria ser aceito.

A saga de Antônio Silvino

— Nas hábeis mãos de Leandro Gomes de Barros (1868-1918) e Francisco das Chagas Batista (1882-1930) — acentua Lewin — Antônio Silvino poderia ser poeticamente assimilado a um predeterminado e definido tipo de herói-bandido, pela tradição estabelecida do verso romanceado. Poderia mesmo adquirir na poesia o que na verdade lhe faltava, o espectro completo de nobres atributos que o gênero poético oferecia como distintivo de um "bom bandido". Para complicar futuramente o processo criativo e depois confundir uma análise política, Antônio Silvino foi propriamente um poeta amador. Antes de se tornar bandido, ele assimilou o repertório poético total definindo um herói-bandido e tendo aprendido a cantar desafios na sua adolescência. A esse respeito é tão instrutivo quanto apropriado notar que o seu primeiro impacto violento nas lutas com o futuro assassino de seu pai foi o poético. Ele foi publicamente insultado num samba, numa noite de sábado, por um homem com quem cantava em desafio. Sobrevivendo ao brusco espetáculo e final antagônico, Silvino também se apropriou do arquétipo poético do herói-bandido que a tradição poética do Teixeira exaltou. Depois ele moldou deliberadamente sua própria imagem pública em torno desse arquétipo.[25]

A articulista atribui a popularidade de Antônio Silvino em todo o interior do Nordeste aos folhetos de Leandro e

[25] LEWIN (1979).

Chagas Batista, que divulgavam em versos as façanhas do cangaceiro tão logo os jornais as noticiavam e, por vezes, criavam situações fantasiosas e fantásticas em torno dele.

Acrescente-se que a narração na primeira pessoa constituía artifício para camuflar a admiração pelo fora-da-lei expressa na exaltação de suas façanhas, e exercer a crítica das desigualdades sociais e da política do coronelismo vigente.

A simpatia que os dois poetas demonstravam por Antônio Silvino devia-se, em parte, ao parentesco deste com Chagas Batista, a cuja família Leandro também estava ligado desde a infância por laços de amizade e gratidão, como lembra Linda Lewin ao acentuar que o cangaceiro "era de fato primo distante de Francisco das Chagas Batista. O fora-da-lei Liberato Nóbrega, primo em primeiro grau de Ugolino do Teixeira, tinha se tornado cangaceiro depois que os Dantas o acusaram de haver assassinado um importante fazendeiro e político que não foi outro senão o avô de Antônio Silvino. Conseqüentemente, quando o poeta Francisco das Chagas posteriormente descreveu em versos a luta de Antônio Silvino com o coronel Delmiro Dantas Correia de Góis, estava também imortalizando a longa animosidade com os seus inimigos – os Dantas. Além do mais, o odiado coronel Delmiro, o homem aparentemente responsável pelo assassinato do avô de Silvino, foi também diretamente responsável pela retirada de Leandro do Teixeira, por volta de 1884-1885. Este procedimento do coronel Delmiro acarretou a saída do pai de criação e tio materno de Leandro, padre Vicente Xavier de Farias (1823-1907), da paróquia do Teixeira"[26].

[26] Idem.

Menos pela consangüinidade do que pelo emprego correto da língua e de um simbolismo ortodoxo europeu, Lewin diz que Chagas Batista foi o principal herdeiro poético de Ugolino. "Seus versos eram certamente o trabalho de uma pessoa educada, porque os mínimos erros gramaticais estavam restritos ao linguajar rústico dos matutos. Suas fontes de informação eram os jornais, onde colhia notícias sobre Antônio Silvino. Consultando três ou quatro jornais com relatos paralelos acerca das perseguições e proezas do cangaceiro, Francisco das Chagas compilava as notas para um outro capítulo poético de sua série interminável da história de Antônio Silvino. Suas informações eram suplementadas por agentes colaboradores distribuídos ao longo da estrada de ferro, e seus antigos amigos íntimos no trabalho algumas vezes eram seus distribuidores de folhetos. Eles transmitiam as notícias antes de serem publicadas nos jornais ou em contradição das versões suprimidas dos acontecimentos. Em conseqüência, Francisco das Chagas aperfeiçoou um estilo despojado da rusticidade dos camponeses e quase mecanicamente pontuado com datas e nomes de lugares, reproduzindo assim jornalisticamente identidades e individualidades-chave. Em suma, seus poemas sobre Antônio Silvino traduzem os relatos da imprensa para uma audiência popular, muito pobre e iletrada, sem condições para ter acesso aos jornais. Dessa forma, no seu nascedouro, a Literatura de Cordel foi um meio propício para divulgar notícia para uma grande população analfabeta"[27].

A notoriedade como divulgador das façanhas de Antônio Silvino, no entanto, não limitou Chagas Batista, como se

[27] Idem.

depreende da abrangência de sua obra. Antes, ao emprestar ao cangaceiro roupagem de herói medieval, ele concedeu dimensão épica à sua poesia.

Francisco e Leandro "transformaram o verso romanceado do século XIX, para acolher a crítica política da oligarquia" e utilizaram os folhetos para ampliar as suas opiniões em face das rápidas transformações sociais, em virtude do crescimento econômico, tornando mais receptiva tal postura contraposta à tradição oral de composições poéticas de inspiração européia e despojada de qualquer inferência sobre a vida e as aspirações do homem do campo. Conhecedores da realidade dos sertões, por nascimento, convivência e andanças como vendedores ambulantes, Leandro e Chagas Batista eram legítimos intérpretes de sua gente. "Os camponeses empobrecidos e espoliados, afastados da economia rural pelas secas catastróficas, perda das terras ou ofertas limitadas de trabalho esporádico na construção da expansão da estrada de ferro, sentiram a confirmação de suas perturbações nas ênfases que os folhetos davam a temas relacionados com a deslocação social. Em adição, novos grupos urbanos aumentavam o auditório tradicional, atraídos pela relevância da mensagem poética aos problemas que afetavam suas posições no campo político nacional. Artesãos semi-analfabetos e pequenos comerciantes nas cidadezinhas do interior encontrariam nos folhetos uma relação com as suas mágoas de um estado central e usurpador ou da exploração econômica dos sulistas e interesses estrangeiros que dominavam a estrutura da exportação"[28].

[28] Idem.

– Através da metáfora de Antônio Silvino – enfatiza Linda Lewin (1979) – tanto Leandro como Chagas Batista afastaram-se dos temas tradicionais para se confrontarem com o amplo sistema da política oligárquica. Antônio Silvino, portanto, tornou-se pelas mãos dos dois poetas um instrumento cortante com o qual denunciam o vigente sistema político do Brasil.

As limitações do meio não permitiam aos dois poetas maiores vôos, pois viviam em uma região empobrecida e dependente do Brasil, restando-lhes buscar seu público nesse ambiente e, para tanto, sobre ele inferirem. Os temas nacionais e estrangeiros, mesmo em Chagas Batista, grande leitor, sempre bem informado sobre os acontecimentos do Brasil e do mundo, ocorrem eventualmente, de forma esporádica, ditados sobretudo pela repercussão alcançada, como um jornalista a quem é imperioso informar a seu público sobre os fatos.

"O senso de injustiça que ambos poetas exprimiam, especialmente quando consideravam Antônio Silvino como vítima do seu meio social e político, foi estimulado por suas próprias privações e a humilhação de suas famílias no Teixeira nas mãos de seus inimigos – os Dantas. Embora os Dantas permanecessem como uma força política importante na Paraíba até 1930, tanto Leandro como Francisco das Chagas transcederam ao domínio exíguo de vingança familiar nas suas realizações artísticas. Eles demonstraram a necessária distância pessoal para situarem as lutas no Teixeira num ângulo relativamente pequeno de um sistema político mais amplo. Os acontecimentos desde a década de 1870 tinham assegurado que suas críticas poderiam oferecer um exame sofisticado das mazelas da política oligárquica da Velha República"[29].

[29] Idem.

Linda Lewin chama atenção para o papel exercido pelos dois poetas para a formação de uma imagem popular de "bom bandido" de Antônio Silvino, enquanto o utilizam para vergastar as mazelas sociais e políticas do Nordeste e do Brasil.

— Como poetas, Leandro Gomes de Barros e Francisco das Chagas Batista foram homens ligados pelas limitações de seu meio histórico. Tal contexto sugeria poucas alternativas políticas além dos modelos de desagravo oferecidos pela antiga idade de ouro da ordem hierárquica da tradição literária agrária. Ao recorrer à fórmula oferecida pela tradição do "nobre bandido", eles se apoiaram em suas raízes dos sertões, enquanto também refletiram o dilema histórico do Nordeste, uma região dependente no próprio Brasil, para realizar qualquer mudança fundamental na organização social. Os pontos de vista desses poetas refletiam essas limitações, a ampla tensão entre as estruturas da elite e elementos de protesto popular ainda permanecem insolúveis nos dias de hoje. São indicativos da natureza conservadora da evolução política do Brasil.

— Embora Leandro e Francisco das Chagas fossem popularizando e adornando a figura de Antônio Silvino como cangaceiro que poderia ser melhor acomodado na antiga tradição épica, estariam também criando um herói popular que as gerações posteriores converteriam em inspiração e identificação simbolicamente mais ampla. Antônio Silvino pode não ter agido como um "bom ladrão" na vida real nem sequer como um defensor popular das massas rurais, que estavam se regalando com os relatos de suas proezas nos folhetos. Contudo, no fim do século XX ele certamente perdeu seu papel como duplo herói popular tanto para o meio como para as massas, tornando-se mais intimamente identificado com "o povo". Sua metamorfose de lendário herói local para símbolo nacional de resistência e mesmo de revolução, contudo, teve sua gênese, certamente, na criatividade da poesia romanceados dos cantadores do Teixeira[30].

Conclui a ensaísta destacando o papel de Leandro e Chagas Batista na transição da literatura oral em versos para a Literatura de Cordel:

"O berço da Literatura de Cordel proporcionou uma tradição na poesia popular cujo vigor e virtuosidade eventualmente alcançaram proporções nacionais. O processo de amalgamar heróis locais num arquétipo nacional demonstra assim um ponto final e patente: a cultura popular deve ser apreciada como inseparável da sua evolução histórica, porque como tema que por si só tem sua história sofre constantes mudanças. Resta, portanto, reconhecer mais uma vez o papel crucial que tiveram Leandro Gomes de Barros e Francisco das Chagas Batista como portadores da tradição na evolução histórica do verso romanceado popular. Eles foram os principais mediadores entre a tradição local de Romano e Ugolino do Teixeira e os mais recentes intérpretes cinematográficos do cangaceiro, como Glauber Rocha e Paulo Gil Soares"[31].

Francisco das Chagas Batista, poeta, livreiro e editor, viveu sobretudo de sua produção poética e da publicação das obras de seus companheiros de ofício. Dedicou aos

[30] Idem.
[31] Idem.

poetas populares obra que resgata a memória dos primeiros versejadores e estabeleceu o início da Literatura de Cordel no Brasil, da qual participou com boa percentagem dos mais de treze mil títulos impressos. E, como poucos, marcou esta forma literária como um dos pioneiros e glorificou a herança de seus maiores.

Assim foi meu avô, exemplo de homem dedicado à sua arte e à família.

Bibliografia

ALMEIDA, Átila Augusto F. de e ALVES SOBRINHO, José. *Dicinário biobibliográfico de repentistas e poetas de bancada*. João Pessoa: Editora Universitária/UFPb, 1978.

BATISTA, Francisco das Chagas. *Poesias escolhidas*. Paraíba: F. C. Baptista Irmãos, 1918.

_____. *A lira do poeta*. Recife: Imprensa Industrial, 1910.

_____. *Cantadores e poetas populares*. 2ª ed., João Pessoa: Conselho Estadual de Cultura/SEC, 1997, p. 63.

BATISTA, Sebastião Nunes. *Francisco das Chagas Batista*. In: *Literatura popular em versos. Antologia. Tomo IV – Francisco das Chagas Batista*. Rio de Janeiro: Fundação Casa de Rui Barbosa, 1977.

_____. *Bibliografia prévia de Leandro Gomes de Barros*. Rio de Janeiro: Divisão de Publicações e Divulgação da Biblioteca Nacional, 1971.

BARROSO, Gustavo. *Heróis e bandidos*. Rio de Janeiro: Livraria Francisco Alves, 1917.

_____. *Ao som da viola*. 2ª ed., Rio de Janeiro: Departamento de Imprensa Nacional, 1949.

CALMON, Pedro. *História do Brasil na poesia do povo*. Rio de Janeiro: Bloch Editores, 1973.

CARVALHO, José Rodrigues de. *Cancioneiro do Norte*. 4ª ed., João Pessoa: Conselho Estadual de Cultura/SEC. (Facsimilar), 1995.

CASCUDO, Luís da Câmara. *Vaqueiros e cantadores*. Belo Horizonte: Editora Itatiaia, 1984.

_____. *Cinco livros do povo*. 2ª ed., João Pessoa: Editora Universitária/UFPb. (Facsimilar), 1979.

COUTINHO FILHO, F. *Violas e repentes*. Recife: s.e., 1953.

FERNANDES, Albino Gonçalves. *O folclore mágico do Nordeste*. Rio de Janeiro: Civilização Brasileira, 1938.

GRANDE ENCICLOPÉDIA DELTA LAROUSSE. Rio de Janeiro: Editora Delta, 1970.

LEWIN, Linda. Tradição oral e o mito das elites: a lenda de Antônio Silvino na cultura popular brasileira. In: *Journal of Latin American Lore*. Estados Unidos: 5:2 (1979), 157-204.

NUNES, Luiz. *Inácio da Catingueira, o gênio escravo*. João Pessoa: Secretaria de Educação e Cultura do Estado da Paraíba, 1979.

OTAVIANO, Manoel. *Inácio da Catingueira*. (Conferência pronunciada em 1948, na Vila de Catingueira, Paraíba). In: NUNES, Luiz. *Inácio da Catingueira, o gênio escravo*. João Pessoa: Secretaria de Educação e Cultura/Diretoria Geral de Cultura, 1979.

RÊGO, José Lins do. *Pedra bonita*. Rio de Janeiro: José Olympio, 1973.

Antônio Silvino
Vida, crimes e julgamento

Leitor, em versos rimados
Vou minha história contar,
Os crimes que pratiquei
Venho agora confessar.
Jurando que da verdade
Jamais me hei de afastar.

Pedro Batista de Almeida
E Balbina de Morais,
Casados catolicamente,
Foram meus legítimos pais,
Nascidos em Pernambuco
E do Pajeú naturais.

Nas margens do Pajeú
No distrito de Ingazeira,
Junto à Serra da Colônia
Vi o sol a vez primeira;
Ao nascer trouxe nas veias
Sangue da raça guerreira.

Nasci em setenta e cinco,
Num ano de inverno forte,
No dia dois de novembro,
Aniversário da morte;
Por isso o cruel destino
Deu-me de bandido a sorte.

Meu avô foi muito rico,
E meu pai foi abastado,
Mas não me mandou educar,
Porque onde eu fui criado
O povo não aprecia
O homem civilizado.

Ali se aprecia muito
Um cantador, um vaqueiro,
Um amansador de potro
Que seja bem caatingueiro,
Um homem que mata onça
Ou então um cangaceiro.

Meu pai fez diversas mortes,
Porém não era bandido;
Matava em defesa própria
Quando se via agredido,
Pois nunca guardou desfeita,
Morreu por ser atrevido.

Enquanto eu era pequeno
Aprendi a trabalhar,
Chegando aos 14 anos
Dediquei-me a vaquejar.
Abracei aos vinte anos
A profissão de matar.

No ano noventa e seis
Meu pai foi assassinado
Pela família dos Ramos,
Já sendo nosso intrigado,
Um deles, o José Ramos,
Que era subdelegado.

Para punir esse crime
Ninguém se apresentou;
A Justiça do lugar
Também não se interessou;
Aos bandidos a polícia
Pareceu que auxiliou...

E eu, que vi a Justiça
Mostrar-se de fora à parte,
Murmurei com meus botões:
— Também eu hei de arrumar-te!
Não quero código melhor
Do que seja o bacamarte.

Eu chamei pela Justiça,
Esta não quis me escutar,
Vali-me do bacamarte,
Que me veio auxiliar.
Nele achei todas as penas
Que um código pode encerrar!

No bacamarte eu achei
Leis que decidem questão,
Que fazem melhor processo
Do que qualquer escrivão,
As balas eram os soldados
Com que eu fazia prisão.

Minha justiça era reta
Para qualquer criatura,
Sempre prendi os meus réus
Em casa muito segura:
Pois nunca se viu ninguém
Fugir duma sepultura!

No dia cinco de junho
Do ano noventa e seis
Fiz eu as primeiras mortes
Matando dois de uma vez!
Manuel Ramos Cabeceira
E um tal João Rosa de Arez

Depois que fiz essas mortes,
Fiquei desacomodado,
Começaram a perseguir-me.
De Ingazeira o delegado,
Um tal de Francisco Brás,
Matei-o, fiquei vingado.

Então a família Ramos
Fugiu para Imaculada,
Onde por Delmiro Dantas
Foi protegida e guardada,
Nunca mais peguei um deles
Nem mesmo numa emboscada.

Desde esse tempo que vivo
Sofrendo perseguição,
Mas com minha atividade
Sempre evitei a prisão,
Vendo-me, assim, obrigado
A fazer-me valentão!

No ano noventa e sete,
Um meu parente e amigo,
O velho Silvino Aires,
Dissera-me: – Vem comigo
Ao Teixeira, que eu preciso
Vingar-me de um inimigo.

De noventa e sete, em junho,
Nós cercamos o Teixeira.
O delegado Dantinha
Deu uma boa carreira,
Foi isso que o livrou
De uma surra ligeira...

Porque meu tio Silvino
Desejava castigar
Esse delegado afoito
Que um dia mandou cercar
Sua fazenda, e os móveis
De casa mandou quebrar.

Quando nos desenganamos,
De não pegar o Dantinha,
Voltamos pra o Pajeú,
Pra lugar que nos convinha;
Dali fomos pra Campina,
Onde uns parentes tinha.

Fomos à vila do Ingá
Com o Prisco, nosso amigo,
Esse encontrou na estrada
"Marcela", um seu inimigo,
Que foi logo assassinado
Por não fugir do perigo.

Pouco depois desse crime,
Meu tio e chefe voltou
Para o Pajeú de Flores,
Onde a polícia o pegou.
Nosso grupo reuniu-se
E seu chefe me aclamou.

Ao ver-me chefe do grupo,
Meu nome próprio mudei;
Então por Manuel Batista
Nunca mais eu me assinei,
E foi de Antonio Silvino
O nome que eu adotei.

A justiça do Ingá
Processou-me, mas voltei
A essa vila, e o Paço
Municipal assaltei,
E os processos que havia
Ali, os incendiei.

Em abril de noventa e nove
Em Canhotinho abracei
A profissão de marchante.
Depois, então assentei
Praça no quartel local
E três meses policiei.

Estava eu na guarda local,
Quando um doutor me chamou
E me disse: — Amigo Antonio,
Minha esposa me deixou
E, se você for buscá-la,
Seis contos de réis lhe dou.

Está em Santa Filomena
A mulher a quem procuro
Na usina de Santos Dias.
Traga-me, que eu asseguro:
Terá seis contos de réis;
Isto eu lhe garanto e juro.

Fui com meu primo Argemiro
E um grupo que lá juntamos,
Cercar a usina citada;
Porém, quando lá chegamos,
Nem o major nem a filha
Em sua casa encontramos.

Uma mocinha da casa
Talvez por ser imprudente,
Passou em frente a meu rifle
Que a feriu inconsciente...
Lamentei a morte dela,
Por ter morrido inocente.

Em abril de novecentos,
Eu em Cabaças estava
E o capitão Zé Augusto,
Que em minha pista andava,
Cercou-me com trinta praças
Quando eu menos esperava.

Dentro de um engenho velho,
Fiz uma trincheira forte,
De onde atirei cinco horas...
Não houve nenhuma morte!
Dali fugi com os meus
E procurei outro norte.

Com duas horas de luta,
Resolvi me retirar
E disse ao José Augusto:
— Agora vou me ausentar,
Prometo-lhe em pouco tempo
Com o senhor me avistar.

Dias depois, em Matinhas,
Com o mesmo me encontrei;
Tinha ele quinze praças
Com as quais, então lutei!
Ele prendeu-me um cabra
E um soldado baleei.

Bem perto de gravatá
De Bezerros, fui cercado
Por um senhor João Gonçalves,
Que era subdelegado;
Desse cerco eu me evadi
Com um braço baleado.

Nessa luta sanguinária,
Dois capangas eu perdi,
Os outros me abandonaram...
Quando sozinho eu me vi,
Pra não cair na esparrela,
Sem perder tempo, fugi...

O capitão Zé Augusto
Em Fagundes me cercou,
Com uma tropa que em mim
Duas horas atirou;
Prendeu um dos meus capangas
E dois de bala matou.

Nesse combate matei
De Zé Augusto um soldado
Deixei um sem orelha,
Um com o olho furado,
Um de cabeça rachada
E outro com um pé trilhado.

Em junho do mesmo ano,
Eu estava no Surrão
Com cinqüenta companheiros;
Tinha muita munição
E gente para brigar
Até com um batalhão.

Estávamos todos juntos
Na casa do José Gato,
Apenas o Rio Preto
Estava doente no mato,
José matou uma rês
Para nos dar melhor trato.

Eram oito horas do dia,
Estávamos bem acalmados,
Quanto inesperadamente
Por cento e vinte soldados
Eu e meus companheiros
Nos vimos todos cercados!

Eram dois os comandantes
Desse reforço inteiro:
Alferes Paulino Pinto
(Da Paraíba o primeiro)
E o capitão Angelim,
(De Pernambuco) um guerreiro.

Era uma luta medonha,
Todo esse povo atirando!
As balas perto de mim
Passavam no ar silvando;
O tiroteio imitava
Um tabocal se queimando!

A polícia entrincheirou-se
Dum riacho na barreira,
Donde nos fazia fogo;
Era uma boa trincheira:
Se eu não fosse cuidadoso,
A tropa não voltava inteira.

Durou mais de meio dia
Esse combate sangrento.
Ao faltar-me munição,
Deixei o acampamento
E fiquei de fora olhando
Do combate o movimento.

Estando eu fora do cerco,
Dei ainda um tiro, que sinto
Ter ele alvejado apenas
O alferes Paulino Pinto;
Ao Angelim não matei
Porque não vi o distinto.

No tiroteio, os soldados
Seis cangaceiros mataram
E pegaram nove à mão
Que também assassinaram.
Como se sangra animais,
Eles aos homens sangraram!

Os que puderam fugir,
Desembestaram a correr
Dizendo: — O diabo é que espera
Para sangrando morrer!
Cada qual mais precavido
Procurava se esconder.

O sargento José Lopes
Vendo o alferes baleado,
Ordenou sangrassem os presos,
Obedecendo-o um soldado.
Não o matei porque o rifle
Estava descarregado.

Vi matarem todos: nove
De um a um por escala
Mataram todos à faca,
Não quiseram estragar bala,
Somente Antonio Francisco
Morreu sem perder a fala!

Em novecentos e dois,
Pelo Ingá ia passando,
Quando encontrei um enxerido
Que andava denunciando
De mim e meus companheiros:
Sem mais nada o fui matando.

A quinze de fevereiro
De mil novecentos e três,
Em Filgueiras, Pernambuco,
Vi pela primeira vez
A um meu perseguidor;
Matei-o com rapidez!

Esse meu perseguidor
Era um subdelegado,
Francisco Antônio Cabral,
Sendo homem precipitado,
Vivia me perseguindo
Mas dele estou descansado.

Matei Marcos dos Pinhões
No mesmo ano, não estou
Lembrado agora em que mês:
Ele a mim denunciou,
Por isso tirei-lhe a vida
Que pouco, aliás, me custou!

Em Aroeiras matei
Um pombeiro de primeira:
Era um tal de Severino
Que servia de "chaleira"
Fez uma vez a polícia
Dar-me uma boa carreira!

Em novecentos e quatro,
Eu no Mogeiro me achava,
O ex-sargento Manuel Paz
Nessa ocasião passava;
Fiz a ele o que ele a mim
Há muito fazer tentava.

Esse tal Manuel da Paz,
No tempo em que era soldado
Emboscou-me muitas vezes,
Fez-me andar bem assustado,
Porém eu com um tiro só
Matei-o e fiquei vingado.

Fugi do Surrão. No Estado
De Pernambuco encontrei
A um dos meus intrigados,
A quem eu não perdoei,
Era Sebastião Correia:
Este com um tiro o matei.

Na Fazenda de Pedreiras,
Distrito de Caicó,
Estado do Rio Grande,
Eu quase que fico só!
Lá eu me vi apertado
Qual moleque no cipó...

O Tenente Tolentino
Nossa fazenda cercou
Com uma força de polícia
Que, peito a peito, atacou!
Nós trocamos muitas balas
Mas ele não me acertou.

Logo com o primeiro tiro
Dois sargentos derrubei,
Com uma bala certeira
Ambos de uma vez matei!
Depois de dar outros tiros,
Fora do cerco pulei.

Dessa vez o Tolentino
Matou-me seis cangaceiros,
Dentre eles um menino
Que era dos meus companheiros
O que tinha mais coragem,
Seus tiros eram certeiros.

Tolentino perseguiu-me,
Porém eu pude fugir
Para o Estado do Ceará
Onde pude residir
Alguns meses, sem ninguém
Onde eu estava, descobrir.

Em outubro do mesmo ano,
Fui dos meus acompanhado
Para a Vila do Pilar.
Lá estava encarcerado
Um amigo, e pra soltá-lo
Fui em traje de soldado.

Quando cheguei ao Pilar,
Do quartel me apossei;
Da munição dos soldados
Também me apoderei;
E as chaves da cadeia
Do carcereiro tomei.

Soltei em seguida os presos
E amarrei os soldados
Que encontrei no lugar,
Deixando-os encarcerados;
Como eles não se opuseram,
Não fiz mal aos desgraçados.

Com os soldados na cadeia
Deixei também o carcereiro.
Dirigi-me ao delegado,
Que me deu algum dinheiro.
Procurou logo imitá-lo
Um distinto cavalheiro.

Quando sai do Pilar
Para o Ceará subi.
E no Cariri de novo,
Alguns meses residi,
Senti que me perseguiam,
Sem perder tempo fugi...

Com destino a Pernambuco,
Do Ceará regressei;
De volta no Município
De Piancó eu passei,
E na povoação de Bonito
Numa casa me hospedei.

De ofender os moradores
Eu não levava intenção,
Mesmo eu não tinha intrigados
Naquela povoação,
Mas nada disto livrou-me
De uma grande traição.

Juntou o subdelegado
Alguns homens no lugar
Moradores, e com eles
Quis dest'arte me cercar;
Ele estava preparado
Para a vida me tirar.

E quando eles me cercaram,
Eu não ousei resistir,
Porque uma bala certeira
Veio a meu rifle partir;
E eu, vendo-me desarmado,
Tratei logo de fugir.

Em novecentos e cinco.
Eu meti-me em questão feia;
A pedido de um amigo,
Dei uma surra de peia
Em um sobrinho legítimo
Do Sr. José Gouveia!

Então o José Gouveia,
Julgando-se desfeiteado,
Dissera que me matava
Para o rapaz ser vingado,
Porque nunca um seu parente
Tinha de peia apanhado.

Ele não quis perder tempo:
Logo que pensou assim,
Foi-se valer da polícia
Para perseguir a mim,
Declarando a todo o mundo
Que havia de me dar fim.

Dirigiu-se à Capital
Da Paraíba; lá então
O presidente do Estado
Nomeou-o capitão
De polícia, e deu-lhe ordem
Pra minha perseguição.

Foi também ao Recife
E a mesma ordem recebeu.
Lá o chefe de polícia
Soldados lhe ofereceu,
Passou-lhe uma cara branca
E armamento lhe deu.

Disseram que ele vinha
E eu fui então tocaiá-lo;
Perto de Caruaru
Eu resolvi esperá-lo,
Porém um grande acidente
Privou-me de encontrá-lo.

Eram dezoito do mês
De dezembro. Eu tinha ido
Esperar o Zé Gouveia,
Mas, não estando prevenido,
Fui feirar em Trapiá,
Pois queria estar munido.

Eu não fui a Trapiá
Matar ninguém nem ferir,
Fui só comprar munição
Pra melhor me prevenir,
Julgando que lá ninguém
Me havia de perseguir.

Estava eu dentro da feira,
Quando um homem perguntou-me:
— Você é Antonio Silvino?
E de repente atirou-me!
Nesse mesmo instante um negro
Outro tiro disparou-me.

Os tiros não me feriram
Nem me fizeram pavor.
Eu, na fumaça da pólvora,
Gritei ao atirador,
Que era Antônio Nicácio,
Celebérrimo inspetor!

— Bandido, segura o tiro,
Não faz coisas de menino!
Repara que estás pegado
É com Antônio Silvino!
Vamos ver no ferro frio
Se dás parte de mofino.

Proferi estas palavras
Já com meu punhal na mão
E lancei-me ao inspetor
Veloz como um furacão:
Dei-lhe a primeira facada,
Abaixo do coração.

Ele pulou para trás
Com a ligeireza do gato
E gritou: — Estou ferido!
Quando vi do sangue o jato,
Gritei-lhe: — Cuide da vida,
Porque eu agora o mato!

Travamos renhida luta,
Então com poucos momentos
Eu fiz-lhe com meu punhal
Outros grandes ferimentos;
Ouvi-lhe dizer: — Morri,
Sem vencer os meus intentos!

Nisso senti por detrás
Uma terrível pancada;
Eu fiquei tonto e tombei
Por cima de uma calçada,
Ergui-me no mesmo instante,
Tendo a cabeça rachada.

Foi o negro que atirou-me
E que me deu à traição
Com o rifle, que disparou,
Essa pancada, e então
Desembestou a correr,
Ligeiro que só um cão.

Recobrei logo os sentidos
E o traidor procurei,
Porém não pude encontrá-lo,
Quase possesso fiquei!
Nisso meus cabras chegaram
E eu fazer fogo mandei.

— Atirem nesses diabos!
Eu gritei à cabroeira;
Em menos de dez minutos
Estava acabada a feira.
O povo tinha corrido
E ganhei a capoeira...

E depois que todo o povo
Tinha desaparecido,
Uns no mato, outros nas casas,
Estava tudo escondido,
Encontrou-se um homem morto
E um cavalo ferido.

Todas as portas da rua
Num momento se fecharam
Uns noivos que lá estavam
Ninguém sabe onde esbarraram,
Num beco um menino morto
Depois os cabras acharam.

Depois de tudo acabado,
Resolvi me retirar.
A rua estava deserta,
Não tinha com quem brigar;
Pelo capitão Gouveia
Decidi não procurar.

Então, com meus companheiros,
À Paraíba voltei;
No distrito de Campina
Um inimigo encontrei,
A tiros e a punhaladas
A ele eu assassinei.

Manuel Rodrigues Torres
Chamava-se esse senhor,
Que era meu inimigo
E também perseguidor;
Fiz a ele o que farei
A quem me for traidor.

Em novecentos e seis
A vinte e seis de janeiro,
Estava eu nos Tatus
Com o meu grupo inteiro
Quando ao capitão Gouveia,
Dei o combate primeiro.

Gouveia ao cercar-me disse:
– Silvino, segura o tiro!
Respondi-lhe: – Seu Gouveia,
Você hoje perde o giro,
Pois se não matar-me eu o mato,
E, se ferir-me, eu o firo!

Travamos um tiroteio
Que durou quase uma hora.
Então, Gouveia bradava:
– Antônio Silvino, agora
Ou você se entrega ou morre,
Ou esmorece ou vai embora!

Respondi-lhe: — Não me entrego,
Nem morro, nem esmoreço,
É certo que vou embora,
Para outra vez me ofereço;
Lembre-se sempre de mim,
Que de você não me esqueço.

Dito isto, os cabras dele
De mim se aproximaram,
Eu dei a última descarga
E ouvi dizer: — Me mataram!!!
E outro gritar: — Me acudam,
Que os cabras me balearam!

Receei que a munição
Fosse logo acabar,
E disse aos meus companheiros
— Devemo-nos retirar;
Desinteiramos a tropa,
Não temos quem esperar.

No Estado da Paraíba,
Com um correio me encontrei.
Das malas que ele trazia
Eu logo me apoderei,
Então tomei testemunhas
E as malas todas queimei.

E dei ao correio as coisas
Que a ele pertenciam;
Queimei as malas porque
Julguei que elas traziam
Dinheiro ou instruções
Para os que me perseguiam.

E depois que eu tomei
As malas desse correio,
O governo entendeu
Que esse era um ato feio;
E então em minha pista
Uma grande escolta veio.

A companhia inglesa,
Em construção de uma linha
Atravessou uma terra
De propriedade minha.
Procurei para dizer-lhe
Que isso não me convinha.

Foi a sete de setembro,
De novecentos e seis.
Ao povoado Mogeiro,
Destinei-me dessa vez,
A cortar o fio aéreo
E pegar algum inglês.

O fio do telegrama
Logo ao chegar eu cortei
E uma pilha de madeira
Na linha férrea eu deitei;
Foi graças a essa astúcia
Que um trem de lastro esbarrei.

Ao senhor Chico de Sá,
Que era um dos passageiros,
Dirigi-me, por saber
Ser ele dos empreiteiros,
E ele me deu cem mil réis
Pra mim e meus companheiros.

Eu disse ao Chico de Sá:
— Eu venho aqui lhe avisar
Que esta terra me pertence
E pra o trem nela passar
É preciso a companhia
Primeiro me indenizar.

São trinta contos de réis
Que a mim terá que pagar
A companhia inglesa:
Do contrário hei de arrancar
Os trilhos, e por aqui
O trem não há de passar!

Então o Chico de Sá
Prometeu-me que daria
O meu recado aos ingleses,
Gerentes da companhia,
Para que eles mandassem
A exigida quantia.

Ao governo federal
A companhia inglesa
Mandou pedir garantia;
Ele, com toda presteza,
Mandou vir um contingente
Da companhia em defesa.

Do batalhão Vinte e Sete,
Noventa e quatro soldados
Vieram em meu alcance,
Sendo estes comandados
Por quatro oficiais,
Homens já experimentados.

Do segundo batalhão,
Quarenta praças valentes
Vieram me perseguir,
Guiados por dois tenentes;
Na cidade de Campina
Juntaram-se os contingentes.

Então o capitão Formel
Dividiu em diligências
As forças que comandava,
Tomando mil providências,
Garantindo não falharem
As suas experiências.

Resolvi deixar o plano
De embaraçar a linha
De ferro, porque essa força
Disposta a matar-me vinha;
Então a vinte de novembro
Entrei em Alagoinha.

Na Vila de Alagoinha,
No momento em que cheguei
A todos negociantes
Sem demora coletei;
Procurador do Governo
Desde então me intitulei.

No dia dois de dezembro
Do ano já referido,
Entrei na Alagoa-Nova,
Sendo ali bem acolhido;
Coletei todo o comércio
E em tudo fui atendido.

No quartel policial,
No momento em que eu entrei
Dentro da Alagoa-Nova
E ao telégrafo cerquei,
Dos soldados que lá havia
Até a roupa tomei!

Recebi todos os impostos,
Fiz muito bem apurado
E depois telegrafei
Ao presidente do Estado,
Dizendo-lhe que ao comércio
Eu já havia coletado.

Em seguida retirei-me,
Logo que fiz a cobrança,
Contra mim ninguém se opôs,
(Nunca vi gente tão mansa)
E entrei no dia seguinte
No povoado Esperança.

No povoado Esperança
Dois macacos eu prendi,
Como eles não se opusessem
Soltei-os, não os ofendi;
Então dos negociantes
Os impostos recebi.

De Esperança dirigi-me
À vila de Soledade,
Aí, de José do Couto,
Com quem tinha inimizade,
Cerquei a casa, mas este
Fugiu com sagacidade!

Na Vila de Soledade
Recebi pouco dinheiro,
Fugi dali e no distrito
De Caruaru, em janeiro
De novecentos e sete,
Persegui um fazendeiro.

Coronel Manuel Emídio,
Que era subprefeito,
E o dono da fazenda
Que eu cerquei sem proveito,
Por não encontrá-lo em casa.
Porém fiz tudo a meu jeito.

Logo ao chegar à fazenda,
Alguns animais matei,
E os dois paióis de algodão
Em seguida incendiei.
Então pelo coronel
Emídio não esperei.

Perto de Taquaritinga,
Num pequeno povoado
A que chamam Salgadinho,
No mês acima falado
Entrei, e logo o comércio
Fui deixando coletado.

E no dia vinte e seis
Do mesmo mês de janeiro,
À barra de S. Miguel
Fui com meu grupo inteiro.
Ali uma boa surra
Eu dei num alcoviteiro.

Quatro praças que lá estavam
Em ceroulas os deixei;
Então da mesa de rendas
Eu logo me apoderei;
O dinheiro que lá havia
Para o meu bolso passei.

Incendiei os papéis
Todos da arrecadação,
Deixei nus os empregados,
Conduzi a munição
Dos soldados e os deixei
Sem farda, "comblaim" e facão.

Em o lugar Serra Verde,
Município de Umbuzeiro,
Eu encontrei dois "macacos"
A oito de fevereiro,
Com dois tiros lhes provei
Que sou muito escopeteiro.

Aos vinte e oito do mês
De fevereiro eu voltei
Para a Vila do Pilar;
Ali o quartel cerquei
E então prendi os soldados
E as armas lhes tomei.

Fui ver depois a prisão
E soltei cinco coitados
Que nessa imunda cadeia
Estavam encarcerados,
E alguns desses já prenderam
Por serem bem descuidados.

Depois de soltar os presos,
Tomei a direção
Da casa de residência
Do doutor Napoleão,
Porém não o achei em casa
Nessa má ocasião.

Da mulher do comendador
A senhora D. Inês,
Pude tomar quase à força
Seis magros contos de réis
E se em casa houvesse mais
Eu tomava dessa vez.

Então dirigi-me à loja
Do mesmo Napoleão,
Lá quatro contos de réis
Na gaveta do balcão
Encontrei, e vi que a mim
Tocava aquele quinhão...

À municipalidade
Pertencia esse dinheiro,
Porém eu que do governo
Sou o principal herdeiro,
Apossei-me desse cobre
E em guardá-lo fui ligeiro!

Quando da loja saí
Eu fui à coletoria,
Ali deu-me o coletor
O cobre que em cofre havia.
Sendo este do governo,
A mim também pertencia.

Visitei todo o comércio,
Fiz muito bom apurado,
E vi que de muito povo
Eu me achava acompanhado
Alguns pediam-me esmolas,
Então não me fiz rogado.

Uns quatrocentos mil réis
Com os pobres distribuí.
Não serve isto pra min'alma,
Porque esta eu já perdi,
Mas serve pra os miseráveis
Que estavam nus e eu os vesti.

Um oficial de justiça
Escreveu, por mim ditado,
Um pequeno telegrama
Ao presidente do Estado:
Já vê que a um homem assim
Não se usa mandar recado.

No telegrama eu lhe disse
Que abandonava a questão
Da companhia inglesa,
E depois pedi-lhe, então,
Que ele a força federal
Retirasse do sertão.

Às onze horas da noite
Retirei-me de Pilar,
Sem que se dessem conflitos,
Não achei com quem brigar,
Conseguindo pôr-me ao fresco
Sem ninguém me incomodar.

Em dias do mês de abril,
Na vila de Cabaceiras
Ataquei um fazendeiro;
Porém com boas maneiras,
Seis contos de réis passei
Para as minhas algibeiras...

No dia quatro de maio,
Em o lugar Cachoeira
De Caruaru, matei
Pedro e Antonio Ferreira,
E na povoação Mandaçaia
Fiz um ataque de primeira.

Veio o capitão Narciso
– Homem que honra o seu galão
Com cem praças escolhidos
Do quatorze batalhão,
Aliado ao Vinte e Sete,
Perseguir-me no sertão.

No dia treze de maio,
Em Bocondó eu estava,
Quando a força do Exército
Que em minha pista marchava,
Deu-me alguns tiros, julgando
Que dessa vez me matava.

Saí do Bocondó
Até não muito apressado...
Então um soldado disse
Que eu saíra baleado;
Porém ele se enganou,
Pois seu tiro foi errado!

Provar que não fui ferido
Dois dias depois eu quis,
E na povoação de Queimados,
Onde sempre fui feliz,
Eu prendi o delegado,
Um tal de Antônio Muniz.

Preso estando o delegado,
Eu prendi o seu suplente
E também um inspetor
Que ali se achava presente;
Nenhum se opôs à prisão
Nem se meteu a valente.

Guiado pelos três presos
Que me deram um dinheirinho,
Fui à casa do usuário
Senhor Demétrio Coutinho.
Quinhentos mil réis deu-me ele
Dizendo: – Fico "lisinho"!

No dia trinta de maio
Com um comboio me encontrei
No Estado de Pernambuco;
Logo as cargas embarquei;
E no lugar de Rio Grande
As mesmas incendiei.

Ao maior Lucas Donato,
Protetor de um intrigado
Meu pertencia o comboio
Que foi por mim incendiado;
Julguei que para o Bonito
Fosse o comboio levado.

Aos matutos do comboio
Prejuízos eu não dei:
E ao tal Lucas Donato,
Dizer por eles mandei
Que o frete lhes pagasse
Das cargas que eu queimei.

O alferes Zé Caetano,
Com mais de trinta soldados,
Me atocaiava bem perto;
Mas eu, com os meus apressados,
Seguimos outro caminho
E fomos para Afogados.

Quando cheguei em Afogados
Procurei logo avisar
A toda minha família,
Para esta dali se mudar,
Porque os meus perseguidores
Queriam-na exterminar!

De setembro em dezenove,
E em Maria de Melo,
Cerquei a mesa de rendas,
E sem que houvesse duelo,
Trezentos mil réis do chefe
Tomei sem fazer apelo.

Prendi e desarmei quatro
Soldados, que nesse dia
Estavam lá. O dinheiro
Que levei, me pertencia...
Dei ao chefe a porcentagem
Que o governo lhe devia.

Com a companhia inglesa
Fiz uma acomodação:
Deu-me ela quinze contos
Abandonei a questão
E o contingente do Exército
Se retirou do sertão.

De novecentos e sete
Em maio, no Cariri,
Estava numa fazenda
Quando cercado me vi!
E nesse cerco eu um cabra
De confiança perdi.

Era o Zacarias Neves
Quem a força comandava,
E, enquanto a tropa a fazenda
Por diante e por trás cercava,
Eu com o dono da casa
Descuidado conversava...

Quando eles romperam fogo
Saltamos para o terreiro;
Então nos primeiros tiros
Eu vi um meu companheiro
Cair crivado de balas:
Era o Sebastião Bicheiro.

No tiroteio uma bala
Arrancou-me a cartucheira;
Conheci logo que a tropa
Ocupava uma trincheira;
Então fugi com os meus...
E a tropa voltou inteira.

Na Fazenda Muribeca,
Duas surras mandei dar,
Em dois cabras da fazenda
Que se quiseram armar
Contra os meus companheiros,
Que os souberam castigar.

Em dias do mês de julho,
Eu passei em Gameleira,
Que fica perto do Ingá.
Como ia na quebradeira,
O senhor Zuza da Mota
Encheu a minha algibeira...

Aos onze do mesmo mês
Eu em Machado passei,
E do Sr. Manuel João
Um conto de réis tomei:
E na Vila de Natuba
Dois contos arrecadei.

Matei um filho de Marcos,
Que morava nos Pinhões,
No princípio de setembro;
Quis ele formar questões
Comigo, porém passei-lhe
De min'arte umas lições.

A vinte e oito de setembro,
Em S. José dos Cordeiros,
Eu entrei com o meu grupo
Composto de seis guerreiros;
E ali de um velho usuário
Nós fomos os dizimeiros.

O velho Vicente Magro
Em S. José habitava,
Dirigi-me à casa dele
Dizendo-lhe que precisava
De umas moedas de ouro
Que ele enterradas guardava.

O velho, que era usuário,
Disse que não conservava
Esse dinheiro enterrado;
Mas eu lhe disse onde estava
E acrescentei que se ele
Não m'o desse, eu o matava.

O velho, atemorizado,
Arrancou essas moedas
Que estavam enterradas
Debaixo de umas pedras.
Mas, para m'as entregar,
Levou primeiro umas quedas.

Chegaram então dois rapazes
Que eram do velho parentes
E contra mim os dois tolos
Se meteram a valentes...
Vi-me obrigado a matar
Um desses dois inocentes...

Um, eu matei a punhal,
O outro, menos caipora,
Comprou veado e fugiu
Danado de porta afora.
Dei-lhe um tiro pra espantá-lo
E deixei-o ir embora.

De novecentos e nove
Estive, a dois de fevereiro,
Bem perto de Serraria,
Em casa de um fazendeiro
De nome Alfredo Chianca,
Homem valente e guerreiro!

Então Alfredo Chianca
Vinte vezes me atirou
E acabando a munição,
Da casa a porta trancou;
Arrombei-lhe uma janela
E ele a mim se entregou.

Não ofendi ao Chianca
Porque eu me admirei
Da sua grande coragem;
Quando em sua casa entrei,
Dei-lhe um abraço apertado
E amigo dele fiquei!

No dia vinte passei
Na povoação Cachoeira,
Que alguém chama de Cebola;
Não era um dia de feira,
Mas lá uns negociantes
Encheram minha algibeira.

Então, de João Farias
Eu a casa incendiei,
Em Clementino de tal
Uma boa surra dei,
De Manuel Borba e Juvência
Algum dinheiro tomei.

No dia seguinte eu estava
Descansando em Malhadinha,
Quando me alcançou uma tropa
Que em minha pista vinha;
Então, com os meus companheiros,
Fugi, porque me convinha.

Eram o José do Couto
E mais o alferes Maurício
Os comandantes da tropa,
Que obrigou-me ao sacrifício
De dar comprida carreira
Pra fugir ao precipício...

A tropa não nos cercou
Mas muitos tiros nos deu.
Mandei dar quatro descargas
E fugi com o povo meu;
Da casa onde estava, o dono,
No tiroteio morreu.

Era o velho João Martins:
Eu não vi a sua morte,
Porque já havia fugido
E procurado outro norte,
Quando os soldados lhe deram
Para o céu um passaporte.

Deixei em Pedra Lavrada
Para essa tropa um aviso,
Dizendo que a esperava
E que seria preciso
Levar algumas mortalhas,
Que eu lhe daria prejuízo!

A treze de abril estive
Na barra de Santa Rosa;
Ali quinhentos mil réis
Me deu o Manuel Feitosa;
Soma igual o Manuel Bezerra
Me deu com cara chorosa...

Então tomei de um soldado
As armas e a cartucheira;
E depois disse aos matutos
Que se encontravam na feira
Que ali não pagassem mais
O imposto de barreira.

No dia treze de julho
Eu em Fagundes cheguei.
Lá um negro e uma negra
Com duas surras matei;
Eles a mim foram falsos
E eu nunca lhes perdoei.

No princípio de janeiro
De novecentos e dez,
Tomei do coronel Lula
Dois magros contos de réis;
Nada fiz em fevereiro,
Em março espalhei os pés...

Aos cinco do dito mês,
Eu botei uma emboscada
No alferes Joaquim Henriques
Perto de Pedra Lavrada.
Ele vinha com a tropa
E meteu-se na cilada.

Aos cinco do mês de março,
Em Araçá eu cheguei
E com o chefe da estação,
Mui calmamente almocei.
Ali do Sr. José Pedro
Quinhentos mil réis tomei.

Fui a dez do mês de abril
Visitar meu inimigo,
Um tal Manuel Tavares:
Queria dar-lhe um castigo,
Mas ele fugiu ao ver-me,
Não quis se entender comigo.

Residia em Pocinhos,
Esse que fui visitar;
Só encontrei sua esposa,
Por quem mandei avisar
Que só lhe dava três dias
Pra ele dali se mudar.

— Hoje de muito dinheiro,
Então eu disse, preciso!
Depois de a Manuel Tavares
Eu ter dado um prejuízo,
Ataquei Francisco Afonso,
Pretendi deixá-lo "liso".

O velho Francisco Afonso,
Que é "caipira" verdadeiro,
Me disse: — Eu não tenho um réis!
E eu lhe disse: — O cavalheiro
Pagará com uma surra...
Nisto, ele deu-me o dinheiro.

Então no dia seguinte,
Quando eu deixei esses lares,
Ao arame telegráfico
Cortei em cinco lugares:
Fiz na linha o que não pude
Fazer com o Manuel Tavares!

Meia légua mais ou menos
Distante do povoado
De nome Pedro Lavrada,
De serras num apertado,
Com meu povo entrincheirei-me,
Estando bem municiado.

Eram dez horas do dia
Quando eu a tropa avistei:
No alferes Joaquim Henriques
O primeiro tiro dei,
E por não querer matá-lo,
Apenas o baleei.

Nisto, meu grupo que estava
Comigo, entrincheirado,
Também atirou na tropa;
Feriu uma bala um soldado,
Não o matou mas deixou-o
Pra toda a vida aleijado!

Um cabo também saiu
Com a perna baleada;
Deu-nos a tropa alguns tiros,
Porém, ao ver-se cercada,
Fez como eu já tenho feito:
Deu uma carreira danada...

Joaquim Henriques os feridos
Para Campina levou;
Mas o alferes Maurício,
Que com ele se encontrou,
Prosseguiu na minha pista...
Com três dias me alcançou.

Com uma légua de distância
Da povoação Periquito,
Encontrei-me com Maurício,
Em um lugar esquisito;
Dessa vez não me pegaram
Porque sou muito perito!

A tropa estava escondida
Dentro do mato, almoçando,
Quando eu vinha distraído,
Com dois homens conversando;
Pegaram a meter-me "duchas"
E quase me iam matando!

Nem ao menos tive tempo
De um tiro só disparar,
Pois se seu perdesse um minuto
Não me podia salvar,
E por não ir prevenido
Resolvi me retirar...

Foi a dezoito de abril
Que eu estava no Juá,
Fazenda pouco distante
Da Vila Taperoá,
Quando um correio caipora
Ia passando por lá.

Era ele o João Domingos,
De três malas portador;
Tomei-lhe as malas e abri-as,
Achei cartas com valor
Em dinheiro e deste eu fiz-me
No mesmo instante senhor!

Alguém ainda pediu-me
Pra as cartas eu não romper,
Porém, a esses pedidos
Resolvi não atender,
Pra não perder o ensejo
De ao governo ofender.

Eu sei que governo paga
Qualquer quantia avultada
Que o agente ou estafeta,
Deixa ser extraviada,
Por isso a correspondência
Fora por mim violada.

Não ofendi ao correio,
Por ele não merecer,
É um simples empregado,
Que cumpre com o seu dever,
E mesmo, a quem não me ofende,
Eu não gosto de ofender.

Abri as malas somente
Pra do governo vingar-me,
E também pra do dinheiro
Que eu encontrasse, apossar-me;
Cento e quarenta mil réis
Foi só o que pôde tocar-me.

Nas Zonas do Cariri
Demorei-me um mês inteiro;
A vinte e sete de maio,
Maurício, o audaz guerreiro,
Achou-me a pista e buscou-me
Como quem busca dinheiro!

O alferes dividiu.
A força que comandava,
Em dois grupos de oito homens;
A uma tropa guiava
O sargento Zé do Couto;
A outra ele comandava.

Dos soldados do alferes
Um era rastejador,
E pôs-se a seguir-me a pista
Qual perito caçador,
Só não me alcançaram cedo
Pois sou muito animador…

À Vila de Soledade
Eu segui em direção;
Toda essa tarde seguiu-me
A tropa em perseguição,
Perderam à noite a pista
Devido à escuridão.

Debaixo de um umbuzeiro
A tropa se aquartelou,
E ali toda essa noite
Ela acordada passou;
Que eu estava muito perto
O alferes não suspeitou.

Quando a luz da madrugada
Principiava a raiar
Aproximei-me da tropa
Pude a observar,
Mas eu nessa ocasião
Não quis a ela enfrentar.

Então com os meus companheiros,
Ligeiros como quem voa,
Fomos esperar a tropa
Adiante numa lagoa;
De uma cerca de pedra
Fizemos trincheira boa.

Eram oito horas do dia
Quando eu na trincheira entrei;
A tropa demorou pouco...
O primeiro que avistei
Em frente à boca do rifle,
Com um tiro o derrubei.

Era ele o tal soldado
Que me ia rastejando;
Caiu sem dar mais um passo!
E os outros recuando...
Nesse momento os meus cabras
Foram os rifles disparando.

Ouvi fazer um soldado
A Maurício este convite:
— Alferes, atire logo
Em Silvino a dinamite!
Eu aos meus disse: — Fujamos,
E ninguém se precipite!

Devido ao troar dos tiros
Meu pessoal não me ouviu
O fogo estava cerrado...
O alferes investiu:
Atirei-lhe na cabeça
E ele por terra caiu.

O alferes só teve tempo
De três tiros disparar,
A bomba de dinamite
Não se conseguiu atirar,
Porque eu o matei logo
Antes dele me matar.

Um soldado ainda gritava:
— Atirem logo essa bomba!
Corri e gritei aos meus:
— Corram que o diabo é quem zomba
Da terrível dinamite,
Que onde bate tudo tomba.

Seis minutos mais ou menos
Depois que os tiros cessaram,
Dois soldados corajosos
Do alferes se aproximaram;
Do dinheiro que levava
Então logo se apossaram.

Voltei ao campo da luta
Para ver quantos morreram,
Os praças que lá estavam,
Quando me viram correram
Com tanta velocidade
Creio que até se perderam.

Atirei-lhes ainda de longe
E creio que a um baleei,
Mas deixei-o ir embora,
Dos mortos me aproximei
E da bomba envenenada
Logo ali me apoderei.

Eu guardei comigo a bomba
Por ter dela precisão,
Então os meus companheiros
Nessa mesma ocasião,
Carregaram dos dois mortos
Fardo, rifles e munição.

Ao ver que já tinha morto
Meu maior perseguidor,
Senti o meu coração
Possuído de rancor,
Por ter dado a morte a um homem
Que me metia pavor!

De esmigalhar o cadáver
Senti um desejo insano!
E covarde e friamente
Executei esse plano,
Porque o meu coração
Não tem mais nada de humano!

Com uma pedrada deixei-lhe
A cabeça esfacelada,
Depois mandei cada um
Dos meus dar-lhe uma facada,
Fiz tudo isso e não senti
A minh'alma perturbada.

Sei que minh'alma já está
Muito negra e empedernida,
Porque cento e uma vezes
Tenho-me feito homicida.
O crime hoje é a coisa
Mais comum da minha vida.

Se eu não matasse Maurício,
Creio que ele me matava;
Pois era o oficial
De quem eu mais receava,
A bomba que ele trazia
Era o que mais me assombrava.

A bomba, essa eu guardei,
Os papéis que encontrei,
Como fossem do governo,
Incendiá-los mandei,
E sem encomendar outros,
Da Barra me retirei.

Eu o fio do telégrafo
No mesmo dia cortei
Em dez ou doze lugares;
Depois avisar mandei
A polícia de Campina
E com os meus me ocultei...

Também estive em Serrinha
Onde ordenei a um soldado
Que o imposto de barreira
Por ele ali arrecadado,
Fosse só pela metade
Aos sertanejos cobrado.

Fui em junho a Maranguape
Aonde fui bem-aceito;
Ali hospedei-me então
Na fazenda do prefeito;
Este deu-me um tratamento
Que me deixou satisfeito.

Pediu-me muito o prefeito
Para eu não ir à cidade;
Atendi ao seu pedido
De muito boa vontade,
Pois com pessoas dali
Eu não tinha inimizade.

Então aos negociantes
Mandei logo um mensageiro
Com cartas minhas, pedindo
A todos algum dinheiro;
Mandaram-me o rico arame
Ninguém se fez de estradeiro.

Fui em setembro de mil
E novecentos e dez
À barra de S. Miguel
E lá espalhei os pés;
Matei, pedi e tomei
Quase três contos de réis.

Lá dois soldados quiseram
Comigo se arreliar,
Porém eu matei um deles
E no outro mandei dar
Uma surra, e, no meu grupo
Fi-lo à força bruta entrar...

Então guiado por ele
Eu fui à Mesa de Rendas;
O dinheiro que achei lá
Mal deu para as encomendas;
Eu embolsei-o dizendo:
— Este é pra minhas merendas.

Na Mesa de Rendas todos
Bem perto de Soledade,
Eu consenti a meus cabras
Fazerem perversidade
Com a família dos Couto,
Com quem tenho inimizade.

Num irmão do Zé do Couto
Dar uma surra mandei.
E o compadre João de Banda
Dar na mãe dele deixei,
Do velho Couto um paiol
De algodão incendiei.

Foi esta a primeira vez
Que consenti espancar
Uma mulher, pois no velho
É que o compadre ia dar;
Não o achou, deu na velha
Pra viagem aproveitar.

Então ordenei à velha
Que com o marido repartisse
As pancadas que levou,
E ao Zé do Couto pedisse
Pra ele criar seus filhos
E comigo não bulisse.

No ano de mil novecentos
E onze, ainda brigado
Não tinha eu uma só vez,
Quando em abril fui cercado
Pelo alferes Ramalho
Que me deu algum cuidado.

Foi no lugar São Mamede.
Que esse encontro se deu;
Alguns jornais afirmaram
Que meu grupo correu...
Foi erro; vou aos leitores
Contar o que aconteceu:

O alferes José Ramalho
Julgou que eu era pixote,
Atirou-me entrincheirado
Porém deu errado o bote,
Porque eu não sou arara:
Me entrincheirei num serrote.

Ele atirou-me de longe
E um tiroteio cerramos,
Que durou mais de uma hora,
Até que ambos esgotamos
Toda a nossa munição,
E depois, nos acalmamos.

Depois que a luta cessou,
Esperei o resultado
Que ficou por isso mesmo:
A força tinha arribado,
Notei então que um dos meus
Tinha sido baleado.

No dia nove de agosto
Assisti a um casamento
Perto de Taperoá,
Com grande contentamento
Participei do banquete
E de todo o divertimento...

A um padre que estava lá
Assisti de confissão!
Dispensei-o de rezar
O ato de contrição:
Limitou-se a responder-me
O que lhe perguntei então.

Depois que o absolvi,
Ordenei-lhe que guardasse
Para mim algum arame;
Para quando eu precisasse,
Disse ele que ao meu dispor
Estava, se eu o ocupasse.

Saí então da fazenda
De Jocelino Vilar,
E logo no dia seguinte
Eu consegui me encontrar
Com o primo Antônio Godô,
E juntos fomos andar...

No dia doze estivemos
Na Passagem; lá cortei
O arame telegráfico,
Pois com este me intriguei,
Porque ele é mexeriqueiro
Com prazer o estraguei.

Estive também a passeio
Em São João do Sabugi,
Conceição do Azevedo,
Currais Novos e Araci;
Fiz por lá boas colheitas
E voltei pro Cariri.

Em Conceição do Azevedo
A música me visitou,
Dinheiro, buquês e baile
O povo lá me ofertou;
E ainda há gente que diga
Que ao Rio Grande não vou?!

A vinte e quatro de agosto,
Da Viração muito perto,
O alferes João Facundo
Num lugar pouco deserto
Emboscou-me, porém eu
Fui mais do que ele esperto!

Eu vi a tropa emboscada
Então desviei-me dela,
E num boqueirão da serra
Tocaiei-a com cautela;
Voltou a tropa e mais tarde
Caiu na minha esparrela.

Quando a força se chegou
Nove tiros lhe enviei,
E nesse mesmo momento
Ao alferes então gritei:
— Se não correr, comandante,
Sua tropa arrasarei!

Quis o alferes resistir-nos,
Porém viu logo ali feridos
Caírem quatro soldados;
Todos soltando gemidos
Diziam: — Se não corrermos,
Matam-nos esses bandidos!

A tropa ainda me atirou,
Mas pôs-se logo a fugir;
Eu também não esperei
Que outra pudesse vir,
E pus-me ao fresco; os feridos
Resolvi não perseguir...

Na noite do mesmo dia,
Encontrei um conhecido
Que me procurou abraçar;
Mas eu me fiz distraído,
E dei-lhe tão grande tapa
Que o deixei no chão caído!

Poucos dias depois disto
Com a polícia me encontrei;
Trocamos ainda alguns tiros
Mas eu a ninguém matei,
E tendo enganado a tropa
Pra longe me retirei.

Em novembro, em Macapá,
Fui visitar Manuel Belo,
Mas como não o encontrei
Para entrarmos em duelo,
Deixei-lhe a casa queimada
E o mobiliário em farelo.

Ao chegar em Macapá
Só o genro dele achei;
Deu-me este a chave do cofre,
E o que dentro encontrei
Foi uns dez contos de réis.
Desses, então me apossei.

O Manuel Belo movia
Contra mim perseguição...
Por isso queimei-lhe a loja
E um vapor de algodão;
Dei-lhe mais um recado:
Que não esperasse perdão!

Dias depois eu estive
Na povoação de Serrinha,
Passei na Vila Pilar,
Onde a terra é quase minha,
E depois fui ocultar-me
Em lugar que me convinha...

De novecentos e doze
Em maio, no alto sertão,
No lugar Riacho Seco
Eu tive desejo então
De encontrar meu inimigo
O negro Antonio Carão.

Esse negro a um meu parente
Havia assassinado,
Simplesmente pra roubar,
E por ser meu intrigado.
Matei-o à bala e por mim
Foi seu corpo queimado!

Dei-lhe dois tiros, deixando-o
Muito ferido no chão.
Fiz por cima do seu corpo
Uma coivara, e então
Ateei fogo e deixei-o
Virado em cinza e carvão.

No dia sete de junho,
Em Santa Luzia entrei
E então dos negociantes
Uns trinta contos levei,
E no capitão Aristides
Uma grande surra dei!

Há uns dez anos jurei
De Aristides me vingar,
Porque dois cabras meus foram
À polícia se entregar,
E ele os mandou na cadeia
De fome e sede matar.

Prometi dar-lhe uma surra
E a promessa cumpri,
E então a sua família
Dessa vez eu persegui
De alguns levei dinheiro,
De outros os bens destruí.

Fui à vila de Afogados
De Ingazeira, onde nasci,
E uns nove contos de réis
Naquela vila colhi!
Mas o Desidério Ramos
Por caiporismo não vi.

Parei perto de Monteiro,
Estive na povoação
De Jabotá e, em Queimadas,
Fiz boa arrecadação;
De Santa Cruz uns dois contos
De réis, consegui então.

Aos quinze do mês de julho,
Eu fui à Santa Maria,
E os moradores de lá
Julgando que eu corria,
Deram-me uns tiros, mas eu
Reagi como devia.

Com poucas horas de fogo,
Os cabras esmoreceram,
Acabaram o tiroteio
E para o mato correram...
Eu tomei conta da rua
E todos ali sofreram!

Incendiei quatro casas
E dei de peia a valer!
Deixei diversos feridos,
Só não fiz nenhum morrer,
Porque eles correram logo,
E quem corre quer viver...

Fui ao Engenho Filgueiras
Do major João Florentino;
Ele outrora perseguiu-me
E eu fui dar-lhe um ensino,
Pra ele saber que só Deus
Matará Antônio Silvino.

Cerquei-lhe a casa, mas ele
Quis se meter a guerreiro.
Brigamos mais duma hora,
Matou-me ele um cangaceiro,
Matei-lhe outro e ele ferido
Foi para o Limoeiro.

Logo que o major fugiu,
Do engenho me apossei,
Recolhi todo o dinheiro
Depois as casas queimei:
Cinqüenta contos de réis
De prejuízo lhe dei.

Paguei a um camarada
Para meu cabra enterrar,
E voltei à Paraíba
Perto da Vila Pilar,
Demorei-me, decidido
A alguns dias descansar.

As malas de um correio
Perto de Patos tomei,
E toda a correspondência
Que ele trazia, queimei,
Foi essa a terceira vez
Que esse crime pratiquei.

Das Espinharas, da Serra
Das Preacas, eu estava
Em uma furna, era noite,
Ali, dormindo, eu sonhava
Que o espírito de Maurício
De surpresa me atacava.

Dizia-me: — Silvino,
Prepara-te para lutar.
O que fizeste comigo,
Agora me vais pagar,
Visto os vivos não quererem
A minha sorte vingar.

Ergui-me sobressaltado
E um tiro disparei
Contra o fantasma e, então,
Muito ligeiro acordei;
Ouvindo um grande rugido
Quase assombrado fiquei.

Esse rugido abalou
Até o mais fundo reconco
Da furna; a serra tremeu
Desde o cimo até o tronco;
Percebi rapidamente
Que de uma onça era o ronco!

Então atirei na fera
Que sobre mim se lançou
E deu um tapa no rifle
Que distante o atirou,
E ouvindo o estampido
Mais assanhada ficou!

Dei um pulo para trás
E da pistola puxei,
Porém no mesmo momento
Que um tiro lhe disparei,
Deu ela na arma outro tapa,
E desarmado me achei!

Felizmente nessa gruta
Entrava a luz do luar
E o solo era espaçoso…
Continuei a pular,
Me desviando da fera
Que me tentava agarrar!

Num desses saltos eu pude
Puxar da cinta o punhal,
E apertei-o na mão
Com uma ira infernal,
Dizendo: – Se eu não morrer,
Mato esse audaz animal!

A onça era tão ligeira
Como de um raio o clarão!
Eu não voava, porém
Mal sentava os pés no chão!
Compreendi que em matá-la
Estava a minha salvação.

E quando a fera avançou
De arma em punho a esperei,
E então ao pé da goela
Tal punhalada lhe dei,
Que o punhal, enterrado,
Dentro dela abandonei.

Ela em minha mão esquerda
Deu uma grande dentada,
E onde passou as unhas
Deixou-me a pele esfolada;
Só me feriu no momento
Em que lhe dei a punhalada…

A onça, ao ver-se ferida,
Um enorme salto deu,
Rugindo com tanta força,
Que a serra estremeceu.
Então por sobre o lajeado
O corpo em cheio estendeu…

Enraivecida, rugindo,
Tentava se levantar,
Procurando em vão com os dentes
A arma do peito arrancar,
E eu, desarmado, temia
Que ela voltasse a lutar!

Quando a fera se aquietou,
Da gruta me retirei,
E todo o resto da noite
Noutra furna repousei.
Somente pela manhã
Meus companheiros busquei.

E reunido ao meu grupo,
Nessa furna penetramos;
A onça morta a um canto
Logo ao entrar encontramos:
Minha pistola e meu rifle
Ambos quebrados achamos.

Vi que no peito da fera
O punhal estava enterrado
E reparei que o meu rifle
Tinha o coice esfacelado!
A pistola achei-a longe,
Com o gatilho quebrado.

Então do peito da onça
O meu punhal arranquei,
E o sangue que o ensopava
Logo em um lenço limpei.
Depois, com muito cuidado,
Eu a onça examinei...

Era uma onça pintada,
De formas descomunais
Os dentes pontiagudos,
Unhas longas, desiguais;
Tinha os músculos dianteiros
Mais grossos que os demais.

Retiramo-nos da gruta,
E minhas feridas curei,
Consertar as minhas armas
Por um ferreiro mandei
E junto aos meus companheiros
Outras zonas procurei.

No Rio Grande do Norte,
Com a polícia me encontrei,
E com o comandante desta
Então conferenciei...
E para pagar a cerveja
A ele logo intimei.

O major Seabra jurou
Comigo não intervir,
Eu também lhe garantia
Com os dele não bulir,
Pois eu só mato soldado
Que me anda a perseguir.

De novecentos e treze,
Eu em janeiro cheguei
À Cachoeira dos Guedes,
E do Rufino levei
Dois contos; e um telegrama
Para a Capital passei.

Às altas autoridades
Nesse telegrama eu disse
Que só pretendo morrer
Em adiantada velhice,
E que elas, me perseguindo,
Cometem grande tolice!

A força que acompanhava
O alferes Irineu
Encontrou-me em Soledade
E alguns tiros me deu,
Mas fugi, por estar na casa
De um velho amigo meu.

Em Lagoa do Remígio
Fui à agência do correio.
Botei pra fora o agente,
Somente porque era feio;
Tomei-lhe o cobre dos selos
E contra mim ninguém veio.

Uma vez dono da agência,
Dei logo um expediente
E avisei ao diretor
Que ali eu era o agente,
E que todo o apurado
Tocaria a mim somente!

Então de um negociante
Comprei muita munição;
Arranjei muito dinheiro
Depois da arrecadação,
Ao povo da Serraria
Fui passar uma lição.

Perto da Vila hospedei-me;
Veio ali me visitar
O major Antônio Bento,
Que logo mandou chamar
O delegado, e este foi
Meu imposto arrecadar!

Eu estava no Ingá,
Na casa dum camarada,
Quando inopinadamente
A fazenda foi cercada
Por soldados de Polícia,
Que não arranjaram nada...

Porque com muita cautela
Resolvi me retirar
Da fazenda, pois não quis
Contra a polícia atirar.
Nesse dia eu não tinha
Disposição de matar.

Há muito que procurava
Encontrar um valentão,
Que para lutar comigo
Tivesse disposição;
E de achar esse duro
Tive um dia ocasião.

Perto de Brejo de Areia,
A quatro de fevereiro
De novecentos e nove,
Encontrei esse guerreiro
Que não me matou porque
Me vali de Deus primeiro.

Era um sujeito mestiço,
De cabelos afogueados,
Os dentes muito amarelos,
Beiços grossos e rachados;
Pés chatos e mãos compridas,
Olhos grandes e encarnados.

Conheci que esse cabra
Era mau de profissão,
Então para dar-lhe uma sova
Me pediu o coração;
E eu quis me certificar
Se o cabra era valentão.

Gritei-lhe: — Cabra, quem és?
De onde vens e para onde vais?
Disse-me o cabra: — Meu nome
É Diabo ou Satanás:
Venho do inferno e contigo
Vou lutar ou fazer paz!

— Vens comigo fazer paz?
E eu pedi-te essa aliança?
— Não pediu, mas pode ter
Em mim toda confiança...
Respondi-lhe: — De salvar-me
Ainda eu tenho esperança.

Disse-me o diabo: — E esperas
Ainda por salvação?
Te esqueces que fazer crimes
É só tua profissão?
Respondi: — E não se salvou
Da Bíblia o Bom Ladrão?

— Se esse Dimas se salvou
É porque amava a Deus,
Mas tu és um inimigo
Dos dez mandamentos seus!
E eu perguntei: — E você
Conhece os intuitos meus?

Disse-me o diabo: — Eu bem sei
Que é funesto o teu destino;
És traidor, és perverso,
És ladrão e assassino!
O teu fim será o inferno:
Irás comigo, Silvino!...

Quando eu ouvi o diabo
Estas frases proferir,
Respondi-lhe: — Pra que inferno
Contigo eu não hei de ir!
Disse-me ele: — Isso agora
Havemos de decidir!

— Para decidirmos isso,
Lutarmos muito é preciso...
E dito isto disparei-lhe
Um tiro de improviso.
O diabo aparou a bala
E disse com ar de riso:

— Ah! Não me atires, porque
Com balas tu não me ofendes!
E acrescentou: — A certeza
Eu tenho de que te rendes.
Se prolongares a luta,
Eu juro que te arrependes!

— Render-me? Nunca! E o rifle
Vinte vezes disparei...
E presumo que os tiros
Todos no diabo acertei,
Mas este, aparando as balas,
Deu-mas quando eu terminei.

Então conheci que a bala
Para o diabo não se fez.
E manejando o punhal
Vibrei-lhe com rapidez
No peito uma punhalada
Mas errei inda uma vez!

Dei-lhe ainda muitos golpes,
Julgando que o matava,
Mas todos foram perdidos
Porque a arma não o furava
O punhal batia nele
E envergado ficava!

Lutamos uns dez minutos...
Então eu compreendi
Que não vencia ao diabo,
Porém, não esmoreci!
E quando me vi perdido,
Logo de Deus me vali...

Dizia o diabo sorrindo:
– Levo-te sempre comigo;
É melhor ficares manso,
Que te terei como amigo!
Então eu disse: – Meu Deus,
Livrai-me deste inimigo!

Vi que lutando, morria;
Eu a rezar me dispus
Então me ajoelhei
E rezei o credo em cruz,
E disse: – Eu te esconjuro,
Diabo! Em nome de Jesus!

Quando eu me persignei,
Pra longe o diabo correu
E disse: — Falar em Deus,
Foi isso o que te valeu.
Mas de outra vez voltarei,
Serás companheiro meu!

Depois fiz paz com o diabo,
E hoje em dia ele me segue;
E já não temo que o mesmo
Para o inferno me carregue.
Eu só não quero é que um dia
Ele à polícia me entregue.

Deus que tinha eu no mundo,
Para um instrumento seu,
Já havia decretado
Tudo quanto aconteceu
Comigo, depois desse dia
Tirou o prestígio meu!

A dezoito de novembro,
Eu em Pocinhos cheguei;
Que o padre Antônio Galdino
Me desse um jantar, mandei
E que me servisse à mesa
Ao mesmo padre obriguei.

Quando eu me retirei, o padre
Lançou-me a excomunhão,
Missa de corpo presente
Como em minha intenção.
Na noite do mesmo dia
Me apareceu uma visão.

Eu estava em uma casa,
Jogando bem descuidado,
Quando apareceu-me um homem,
Com um objeto embrulhado,
E me disse: — Eis um presente
Que para si foi mandado.

Ergui a vista, porém,
Já o homem não avistei;
Abri o pacote, e dentro
Um par de algemas achei;
Fiquei tão impressionado
Que ali quase me assombrei!

Compreendi que o padre
Botara-me urucubaca!
A estrela que me guiava
Via-a no céu mais opaca;
De minha vida a corrente
Conheci que estava fraca.

Na manhã do outro dia
Eu na estrada encontrei
Com um boi de Cristiano:
Bem na testa lhe atirei.
Visto não pegar o "gringo"
No boi dele me vinguei.

Depois de andar oito léguas,
De onde o boi tinha ficado,
Debaixo de um umbuzeiro
Sentei-me um pouco enfadado,
Quando vi chegar o boi
No qual eu tinha atirado.

Esbarrou perto de mim,
Ameaçando-me dar,
Chegou esvaído em sangue
E danado para urrar,
Como quem vinha somente
Para de mim se vingar.

Quando eu vi aquela cena
Perdi logo a esperança;
Conheci que minha vida
Estava numa balança;
O urro do boi dizia:
"Meu sangue pede vingança!"

Conheci que aquele boi
Da morte era mensageiro;
Quis atirar-lhe, e meu rifle
Meteu fogo; então ligeiro,
Me retirei e não quis
Que o matasse um companheiro.

Depois, com meus companheiros,
Fomos pra Taquaritinga,
Eu convenci-me de que
Me acompanhava a mandinga.
Meu coração me dizia:
"Silvino, volta e te vinga".

Porém, eu não quis voltar
Na mesma noite cheguei
No lugar Lagoa da Laje,
E no mato me ocultei.
Debaixo de um juazeiro,
Quatro horas descansei…

Porém, no dia vinte e oito,
Melancólico me senti;
Passei o dia jogando…
Às cinco horas me vi
Pela polícia atacado,
E ao fogo, então, resisti!

Como eu estava em campo raso,
Num serro me entrincheirei;
Guiando os meus companheiros,
De umas pedras me amparei,
Feriram o Joaquim de Mouro,
Brigando me conservei.

Foi por detrás de uma cerca
Que a polícia se ocultou,
De onde nos fazia fogo;
O meu rifle disparou
Trinta vezes contra ela.
Mas nem um tiro acertou.

No pai de um meu companheiro
Uma surra eu tinha dado;
(Já fazia quatro anos)
E o cabra havia jurado
De me matar à traição
Em um momento aprazado.

Esse cabra traiçoeiro
Perto de mim atirava,
Por detrás de uma pedreira
Vendo que eu não o olhava,
Atirou-me por detrás
Quando eu menos esperava!

E uma bala de Mauser
Pelas costas me varou,
E saindo pelo peito,
Um rombo enorme deixou,
Caí no chão quase morto
E o cabra ali me roubou.

Levou-me todo o dinheiro
E um anel de brilhante,
Levou-me um grande punhal
E um rifle muito importante;
Não pude me defender
Porque estava agonizante.

Quando despertei da síncope,
Foi que me senti ferido;
Ali procurei meu grupo
Que de mim tinha fugido,
Tudo quanto eu possuía
Tinha desaparecido.

Com dificuldade ergui-me,
Depois de ter-me sentado;
Olhei em redor e vi
Um homem no chão deitado,
Era o amigo Joaquim Moura
Que se achava baleado.

Chamei-o, ele se sentou
E me disse: — Estou perdido,
Mas não me entrego à polícia.
Portanto eu me suicido...
Deu um tiro na cabeça,
Morreu sem dar um gemido!

Quis também suicidar-me
Mas as armas não achei;
O veneno que eu trazia
Nos bolsos, não encontrei,
Levantei-me e a uma casa
Quase de rasto cheguei.

Ao dono dessa vivenda
Pedi que fosse chamar
O comandante da força
Para a ele me entregar,
Pois eu estava quase morto,
E queria me confessar.

Tinha o dia amanhecido
Quando a polícia chegou,
Então o alferes Teofanes
De mim se aproximou;
Mas devido ao meu estado
Ele não me interrogou.

Fui para Taquaritinga
Pela força conduzido:
Levaram-me numa rede
Porque eu estava tão ferido
Que não andava, e cheguei
Quase que desfalecido.

Dois dias e uma noite,
Eu passei encarcerado
Na cadeia da cidade,
Sendo muito visitado;
Aos vinte e nove já eu
Me sentia melhorado.

No dia trinta bem cedo
Em um burro me montaram,
E para Caruaru
Os soldados me levaram,
Mais de duzentas pessoas
Na estrada nos encontraram.

Chegando a Caruaru,
Cinco horas descansamos;
Às duas da madrugada
Para o Recife embarcamos,
Às sete horas do dia
Nessa Capital chegamos.

Por médicos e enfermeiros,
Vim no trem acompanhado.
O Dr. Chefe de Polícia
Também se achava a meu lado,
Tratamento de primeira
Foi sempre a mim dispensado.

Mais de duas mil pessoas
Me esperavam na estação,
E me olhavam confusas
Com muita admiração.
Grande massa acompanhou-me
À Casa de Detenção.

A bala que me feriu
Pelas costas penetrou,
Saiu no peito direito
E o pulmão me afetou:
Mas só prostrou-me porque
A cardite me atacou.

Os médicos já conseguiram
Meus ferimentos curar...
O resto da minha vida,
Vou na prisão descansar,
Porque dos crimes que tenho
Não espero me livrar.

Já me confessei a um frade,
Mas não estou regenerado,
Acho-me muito abatido
E estou desequilibrado;
Agora com o suicídio
Eu vivo impressionado.

Somente à fatalidade
Eu devo a minha prisão,
Pois todos sabem que eu era
Um indomável leão!
E nem eu sei porque foi
Que me entreguei à prisão.

Não me prenderam, entreguei-me,
Porque fui impulsionado
Pelo destino talvez!
Vi-me ferido e roubado,
Vim morar nesta prisão,
Cumprir a lei do meu fado.

O meu julgamento

Fazia vinte e um meses
Que eu me achava na prisão;
Já estava mais robusto
E completamente são,
Quando fui levado à Olinda
Para ser julgado então.

Foi em mil e novecentos
E dezesseis bem me lembro:
Começou o meu julgamento
No princípio de setembro,
Estava reunido o júri
Sem que faltasse um só membro.

Presidiu meu julgamento
O Dr. César Gondim,
O qual foi pelo governo
Escolhido pra esse fim;
Não sendo ele meu amigo,
Podia julgar a mim.

Foi o meu advogado
Dr. Adolfo Simões;
Esse ilustre bacharel,
Com suas aptidões,
Provou que eu tive razão
Em dominar os sertões.

O Dr. Pedro Caú
Serviu como promotor,
Como órgão da Justiça
Foi o meu acusador,
Quis esse dar aos meus crimes
Maior vulto e mais horror.

Disse o juiz de Direito:
— Queira o réu me responder
Se sabe por que está preso,
Porque julgado vai ser;
Pode também alegar
Razões pra se defender.

Respondi-lhe: — Sr. Juiz,
Porque estou preso bem sei,
Pois vim pagar na prisão
Os crimes que pratiquei;
Razões pra me defender...
Algumas alegarei.

— Concedo ao réu a palavra
Para ele se explicar;
Dizendo quais as razões
Que teve para matar,
E em que lei encontrou
O direito de saquear.

– Senhor juiz, eu criei-me
Como um sertanejo honrado,
Vivendo do meu trabalho
Sem a ninguém ser pesado.
Quando atingi dezoito anos
Vi meu pai assassinado.

Os que mataram meu pai
Em vez de perseguição
Da polícia do lugar
Tiveram foi proteção,
Então resolvi matá-los
E acho que com razão.

Depois dos primeiro crimes,
Vi-me logo perseguido;
Fui obrigado a viver
Nas montanhas escondido.
A lei da necessidade
Obrigou-me a ser bandido.

Disse o juiz: – Estou ciente,
Vejo que teve razão
De se fazer criminoso.
E mandou que o escrivão
Iniciasse a leitura
Do meu processo em questão.

Leu o escrivão o processo.
Todo arbitrário e ilegal.
Depois fez-me o promotor
Uma acusação verbal:
Disse que eu como bandido
Era gênio do mal.

Disse: — Senhores jurados,
Este é o Antônio Silvino,
Que matava no sertão
Homem, mulher e menino,
Era ladrão e malvado,
Desonrador o assassino!

Durante bem doze anos,
Foi o terror dos sertões,
Assombravam a todo o mundo
As suas depredações.
São de homem desabusado
Todas as suas ações.

Confio em que os jurados,
Que são homens conscientes,
Dêem o máximo da pena
Que é o prêmio dos delinqüentes
A essa fera humana,
Assassina de inocentes.

Falou meu advogado,
Replicando ao promotor,
Provando que eu nunca fui
De inocentes matador;
Sempre respeitei a honra
E nunca fui salteador.

Disse que eu sempre matei
Todos que me perseguiam,
Que nas vilas do sertão
Com festas me recebiam,
E o que eu tomava dos ricos
Dava aos que me pediam.

E disse que eu no sertão
Nunca de ninguém roubei,
Aos conhecidos pedi,
Dos governantes tomei;
Somente dos inimigos
As casas incendiei.

Findando o advogado
Sua bela alocução,
Pediu aos doze jurados
Que votassem meu perdão,
Provando que eu era vítima
De uma vil perseguição.

Calou-se o advogado
E o júri se recolheu.
Quando o grupo de jurados
Na sala reapareceu,
O Dr. Juiz de Direito
A minha sentença leu.

Trinta anos de prisão
Fui eu então condenado.
Anular esta sentença
Não pôde o advogado;
Voltei para a Detenção
Um pouco contrariado.

Porém, já resignei-me
A cumprir minha sentença,
Pois quem mata o semelhante
Não vê Deus a presença;
A prisão é dos criminosos,
A legítima recompensa.

Hoje estou arrependido
De ter sido um delinqüente;
Já me ofereci ao governo
Pra ir pra linha de frente
Dar combate aos alemães,
E morrer como valente.

Volumes já lançados da Biblioteca de cordel

Patativa do Assaré *por* Sylvie Debs
Cuíca de Santo Amaro *por* Mark Curran
Manoel Caboclo *por* Gilmar de Carvalho
Rodolfo Coelho Cavalcante *por* Eno Theodoro Wanke
Zé Vicente *por* Vicente Salles
João Martins de Athayde *por* Mário Souto Maior
Minelvino Francisco Silva *por* Edilene Matos
Expedito Sebastião da Silva *por* Martine Kunz
Severino José *por* Luiz de Assis Monteiro
Oliveira de Panelas *por* Maurice van Woensel
Zé Saldanha *por* Gutenberg Costa
Neco Martins por Gilmar de Carvalho
Raimundo Santa Helena *por* Braulio Tavares
Téo Azevedo *por* Sebastião Geraldo Breguez
Paulo Nunes Batista *por* Maria do Socorro Gomes Barbosa
Zé Melancia *por* Martine Kunz
Klévisson Viana *por* José Neumanne
Rouxinol do Rinaré *por* Ribamar Lopes
J. Borges *por* Jeová Franklin
Franklin Maxado *por* Antônio Amaury Corrêa de Araújo
José Soares *por* Mark Dineen
Francisco das Chagas Batista por Altimar de Alencar Pimentel

ADVERTE-SE AOS CURIOSOS
QUE SE IMPRIMIU ESTA OBRA NAS
OFICINAS DA GRÁFICA VIDA E CONSCIÊNCIA,
NA CIDADE DE SÃO PAULO,
AOS DOZE DE ABRIL DO ANO DOIS MIL E SETE,
COMPOSTA EM WALBAUM DE CORPO ONZE OU DOZE,
EM PAPEL OFF-SET NOVENTA GRAMAS,
COM TIRAGEM DE DOIS MIL EXEMPLARES.